Sybill-Angelica Zweigert

Sind Sie glücklich?

Ich bin der, der ich bin
Ich bin die, die ich bin

gewidmet in Liebe:

meinem Mann	Matthias - Erdmann
unserer Tochter	Maria - Bethania
unserem Sohn	Benjamin - Erdmann

Sybill-Angelica Zweigert

Sind Sie glücklich?

Eine kreative Annäherung an die Individualität des Glücks

und

Eine Reise zu sich selbst

GLARÉ

Bibliografische Information Der Deutschen Bibliothek
Die Deutsche Bibliothek verzeichnet diese Publikation in der Deutschen Nationalbibliografie; detaillierte bibliografische Daten sind im Internet über http://dnb.ddb.de abrufbar.

1. Auflage 2007

Postfach 500 717, 60395 Frankfurt/Main
www.glareverlag.de

Umschlaggestaltung: Glaré Design
Umschlagbild: Sybill-A. Zweigert
ISBN 978-3-930761-55-5

Sybill-A. Zweigert ist Malerin und Farbtherapeutin. Sie ist verheiratet und hat zwei erwachsene Kinder.

Die Arbeit ihres Mannes – internationale Entwicklungszusammenarbeit – bedingte ein Leben im Ausland, das sie nach Brasilien, Syrien, in den Niger (Nordafrika), nach Benin (Westküste Afrikas) und nach Kamerun (Zentralafrika) führte.

Flexibel in ihrem Beruf als Künstlerin, schuf sich Sybill Zweigert ihre eigenen künstlerischen Projekte. Das Malen und Schreiben war ihr dabei ein Anliegen und zugleich ein Mittel, sich den Herausforderungen der verschiedenen Kulturen und der Lebensgebräuche der jeweiligen Länder zu stellen, sie zu verstehen und zu verarbeiten.

Im vorliegenden Buch erzählt sie daher mit viel Humor Geschichten, betrachtet Fragen und Antworten des Lebens, die viele Menschen, egal welcher Hautfarbe und welcher Religion, betreffen.

Es befasst sich mit Themen des alltäglichen Lebens und mit Fragen, über die sich jeder Mensch, an einem bestimmten Punkt seines Lebens, Gedanken macht.

„Sind Sie glücklich?"
ist eine Einladung,

- das Leben zu reflektieren und zu genießen,
- sich selbst zu beobachten, „wie" wir das Leben leben, um bewusst und einfühlsam zu sein,
- und um damit glücklich zu sein.

Es ist eine Aufforderung zu sehen, „was" ist, und „wie" es ist, „warum" es ist, und wie es um einen „selbst" steht!

Eine Ermunterung das eigene Sein und Glücklichsein bewusster zu entdecken.

Die Ursachen von Traurigkeit und Kummer zu ergründen und Liebe, Wunsch und Wille in Glücklichsein auszugestalten.

Auf dass das Glücklichsein ein Zustand sei!

Sind Sie glücklich?

Dieses Buch gibt dem Leser die Möglichkeit, sein persönliches Glück zu entdecken!

Es setzt 12 Fragen zum Glück in Relation zu Herausforderungen und Begebenheiten des alltäglichen Lebens.

Die Autorin ist Malerin und Farbtherapeutin und lebte mit ihrem Mann fast 30 Jahre lang in fernen Ländern und fremden Kulturen.

Internationale Entwicklungszusammenarbeit, die Arbeit ihres Mannes, führte das Ehepaar nach Brasilien, zusammen mit ihren zwei Kindern dann nach Syrien, und in den Niger (Nord-Afrika), und nach Benin (Westküste Afrikas) – nach Kamerun (Zentralafrika) wieder zu zweit, da die Kinder bereits erwachsen waren.

Die Geschichten, die die Fragen zum Glück einrahmen, lenken den Focus auf die Lebensumstände in den entsprechenden Ländern, die sich manchmal als komisch, ein anderes Mal als kritisch widerspiegeln.

Sie zeigen auch, wie viele Facetten Glück haben kann – und dass das, was für den einen Glück bedeutet, für den anderen etwas ganz anderes ist!

In dem Buch werden Fragen zum Glück gestellt, zu denen der Leser aufgefordert ist seine persönlichen Angaben zu machen und Antworten zu finden.

Er erarbeitet sich damit einen ganz eigenen persönlichen Erkenntnis-Parcours und kann so seinen individuellen Schlüssel, ein persönliches Glücksmuster entdecken.

Genau das ist das Spezielle an diesem Buch:

der Leser erarbeitet sich hier einen „eigenen Schlüssel zum Glück“!

Die persönlichen Einträge stellen mit den individuellen Lebensmustern des Lesers ebenso individuelle, eigene Glücksmuster her!

Ein überaus persönlicher Weg ins eigene Glück!

Im Unterschied zu vielen weiteren Büchern auf dem Markt, die sich auch mit der Frage „nach dem Glück“ beschäftigen, wird der Leser auf diese Weise von Anfang an aktiv mit in das Buch einbezogen.

Die 12 Fragen zum Glück sind Bausteine und Anleitungen zum „Glücklichsein“, die zahlreiche Erkenntnisse, Bilder und praktikable Anregungen bieten, die individuell umsetzbar sind.

Die Fragen und Geschichten bringen den Leser in Kontakt mit einem Leitsystem, das jeder Mensch in sich trägt – bewusst oder unbewusst!

Das Leitsystem, das Intuition heißt.

Die Glücksfragen, also „die Reise nach innen“, werden mit Geschichten aus den anderen Kulturen, „der äußeren Reise“, inspirierend verbunden.

Dem Buch liegt die Erkenntnis zugrunde, dass:

„Jeder Mensch auf Erden ist, um sich seines Glückes auf seine ganz persönliche Art und Weise bewusst zu werden“!

Eine Ermunterung, das eigene Sein und Glücklichsein bewusster zu entdecken.

Die Ursachen von Traurigkeit und Kummer zu ergründen und Liebe, Wunsch und Wille in Glücklichsein auszugestalten.

Es ist eine Aufforderung zu sehen, „was“ ist, und „wie“ es ist, –

„warum“ es ist, und wie es um einen „selbst“ steht!

„Sind Sie glücklich?“ …

… ist eine Einladung das Leben zu reflektieren und zu genießen,

… sich selbst zu beobachten, „wie“ wir das Leben leben, um bewusst und einfühlsam zu sein, und um damit glücklich zu sein.

Danksagung:

Ich danke an dieser Stelle von Herzen
Ingrid-Charlotte Cox und Nathanael,
mit deren Hilfe, Unterweisung und
Ausbildung mir viele Zusammenhänge
des Lebens deutlicher und klarer wurden.

Denn: Alles ist miteinander verbunden!

„Toutes les choses sont reliées entre eux"!

Danke Afrika!

Danke allen, mit denen ich lernen durfte!

Warum ich dieses Buch geschrieben habe

Bestimmt nicht, weil ich Ihnen von meiner Weisheit – portioniert – ein paar Lehren verabreichen möchte.

Nein, das ist es nicht! Es hat mit „teilen“ zu tun.

Es hat mit dem Teilen und Mitteilen von Tatsachen und Ereignissen, von „fröhlichen und traurigen“ Begebenheiten, zu tun.

Es hat mit der persönlichen Weiterentwicklung zu tun – in dem Wissen, dass immer „beide Seiten“ von Bedeutung sind, die fröhliche und die traurige, die arme und die reiche, um ein Bild vom Ganzen zu zeichnen und um die „Zeichen“ im Zeichnen für wahr zu nehmen!

Ich bin heute dankbar für alle Erlebnisse und Erfahrungen in meinem Leben, auch wenn ich einige davon zu dem Zeitpunkt, als ich sie machte, als traurig oder als hart oder sogar als schrecklich empfand.

Ich bin dankbar, dass ich eine Familie habe, mit der und durch die ich die beste Lebensschule erhielt, und immer noch erhalte, die ich bekommen konnte.

Und ich bin dankbar für alle Begebenheiten und Begegnungen mit Menschen fremder Kulturen und für ihre Bereitschaft sich mir zu geben, – oder auch nicht!

In dem Sinne von: es ist so, wie es ist!

Ich bin dankbar für alle Freunde, und Menschen, die mit mir verbunden sind, denn sie bedeuten ein Netzwerk!

Es ist mein Wunsch, einen Teil von dem, was mir gegeben wurde, was ich erfahren habe, was mir von anderer Seite zugetragen wurde, was mir gut getan hat und was mir geholfen hat, weiterzugeben an andere, die etwas davon aufnehmen wollen.

Es ist mein Wunsch, etwas von dem, was in mir ist und das mir immer wieder zu Freude und größerer Einsicht verholfen hat, bewusst in den Kreislauf einzubringen, der Leben heißt – um so immer weitere Kreise zu ziehen!

Es ist die große Liebe zur Schönheit und Vollkommenheit der Natur, der Faszination der Welt, in der wir leben, und der Menschen, Tiere und Wesen, denen wir begegnen, die mich nach den Zusammenhängen suchen ließ. Es sind die Farben und das Licht, die glücklichen – und die weniger glücklichen Momente, mit denen sie in Zusammenhang stehen – und überhaupt der Zusammenhang mit allem, der Sie und mich „als Teil des Ganzen“ beinhaltet.

Ich für mein Teil, ich teile mit Ihnen – und ich teile Ihnen mit, dass ich, – am liebsten – glücklich bin!

Sind S i e glücklich?

Inhalt

Sind Sie glücklich? – Oder: Sind Sie sich Ihres Glückes bewusst?

Jetzt werden Sie sich vielleicht mit der Hand an den Kopf oder an das Herz fassen, und sagen: Glücklich sein – glücklich sein, … „was“ ist das? Darüber muss ich erst einmal nachdenken!

Genau – fühlen Sie sich mal ein, und denken Sie mal darüber nach, das ist es nämlich, was ich anrühren möchte mit diesem Buch!

Was ist denn eigentlich Glück?

Was ist für Sie Glück?

Und was ist „glücklich Sein“?

Glück ist etwas in uns, das uns mit Freude leben lässt. Für jeden Menschen sieht Glück, und damit die Freude, anders aus. Glück und Freude sind so individuell, wie jeder Mensch einzig ist. Demnach gibt es zahllose Möglichkeiten zum Glücklichsein, gerade so viele, wie es Menschen gibt auf dieser Erde.

Also ist es schon mal nichts mit dieser „ einen Formel für alle Fälle“, mit dieser allgemeinen Zauberformel zum Erreichen des Glücks, werden Sie vielleicht enttäuscht denken! Leider nein, muss ich da einräumen, – denn für eine solche allgemeine Formel sind Sie einfach zu einzig und viel zu besonders, jede und jeder Einzelne von Ihnen, die Sie diese Zeilen lesen! Wir alle sind nämlich so großartig und so besonders in unserer Individualität, dass eine einzige Formel für niemanden von Nutzen wäre.

Also ist es schon mal nichts mit dieser „einen Formel für alle Fälle“, mit dieser allgemeinen Zauberformel zum Erreichen des Glücks, werden Sie vielleicht enttäuscht denken! Also eher „Millionen Formeln und noch viel mehr“ für ebenso viele Glückssucher oder Glückspilze?

Wir werden sehen!

Mit Ihrer Hilfe und Ihrer Mitarbeit werden Sie (sich) sehen!

Wie das gehen soll?

Gar nicht schwer!

Es könnte z.B. so aussehen:

Sie können Ihre ganz persönlichen Formeln für sich selbst entdecken!

Sie können sich, während Sie dieses Buch lesen, all das heraussuchen und notieren, was für Sie zutreffend ist. So können Sie sich darüber klar werden, was Ihre Vorstellungen und Ideen vom Glücklichsein waren und jetzt sind, und Sie werden so Ihren ganz eigenen Wegweiser zum Glück entwickeln, der in Ihr ganz eigenes „Sein" – in Ihr Glücklichsein – mündet.

Ihre eigenen Vorstellungen vom Glück beginnen mit Ihrer persönlichen Liste zu den jeweiligen nachfolgenden Punkten.

Danach stellen Sie sich Punkt für Punkt ihre jetzt gültigen Glücksbezüge zusammen, die Sie sich von Zeit zu Zeit immer mal wieder durch Kopf und Herz gehen lassen können.

Sie können sie dann in ihren Tag einbauen und mit ihnen kommunizieren, und Sie können – jetzt gleich – Änderungen in Ihrem Leben vornehmen – Änderungen, die Sie in ein bewussteres, froheres und glücklicheres Dasein führen können,

zu Ihrem eigenen Plan von Ihrem Glück,

zu Ihrem ureigenen, individuellen Glücklichsein.

Und während Sie das alles noch arrangieren, werden Sie bereits sehen, was sich so von selbst tut.

Und es wird sich etwas tun, zumindest das kann ich Ihnen versprechen!

Bevor es jetzt losgeht mit dem eigentlichen „Tun", beginnen wir mit dem

„In-sich-hinein-Hören" – wir üben Intuition.

Füllen Sie bitte den nachfolgenden 8-Punkte-Plan aus, indem Sie einfach und ohne Nachzudenken das eintragen, was Ihnen spontan in den Sinn kommt.

Sie müssen nicht alle 8 Punkte ausfüllen, tragen Sie so viel ein, wie Ihnen gerade in den Sinn kommt, und wenn Ihnen nach Punkt 5 nichts mehr einfällt, ist das völlig in Ordnung.

Anschließend nummerieren Sie Ihre Begriffe nach dem persönlichen Stellenwert durch, auf diese Weise haben Sie vor und hinter Ihrem Begriff eine Zahl.

Markieren Sie ihre Rangordnung <u>hinter</u> den Begriffen sehr deutlich!

Was bedeutet für Sie Freude? Worüber freuen Sie sich?

1 ....

2 ....

3 ....

4 ....

5 ....

6 ....

7 ....

8 ....

Jetzt werden die 4 wichtigsten Punkte noch einmal extra und gut sichtbar als Focus eingetragen:

1 ....

2 ....

3 ....

4 ....

Welchen Stellenwert hat die Freude in Ihrem Leben?

1 ....

2 ....

3 ....

Es gibt Großrichtungen in den Entwicklungsweisen, die die Menschheit durchlebt, aber „wie" jeder einzelne von Geburt, Kindheit, Pubertät, Erwachsensein, Liebe, Beruf, Ehe, Kindern, Kirche, Glauben und von der Welt, in der wir leben, geprägt ist, ist ein Mosaik, das so groß und so vielfältig ist wie die fein abgestuften Farbpaletten aller Maler dieser Erde zusammen.

„Wie" etwas getan, gemacht, gearbeitet, gefühlt, gelebt wird, ist Ihr persönliches Markenzeichen, es ist Ihr Identitätszeichen!

Ich werde Ihnen also keine Gebrauchsanweisung zum Glücklichsein geben, denn die werden Sie sich mit Hilfe dieses Buches und der 12- bzw. 6- oder 8-Punkte-Pläne selbst erarbeiten und erfühlen.

Wohl aber liefere ich Ihnen Anhaltspunkte, Denkanstöße und Betrachtungen zum Leben – Gedanken über Freude und Leid, Lust und Laune, Kunst für Kunst, Leben und Tod – über Macht und Gerechtigkeit, Fürsorge und Bereitschaft, Mitgefühl und Verständnis, Vertrauen und Freundschaft, Eignung und Einigung, Aufnehmen und Abgeben – zu Glück und Glücklichsein,

die Ihre Selbstfindung unterstützen sollen, und zu Ihrem ganz eigenen Sein,
dem „Glücklichsein" beitragen werden!

Fangen wir also an, Fragen zum Glück und Glücklichsein zusammenzutragen.

1. Woher kommt das Glück?
2. Wie wird es zum Glücklichsein?
3. Haben wir auf das Glück oder das Glücklichsein eine Garantie?
4. Wo können wir das Glück und die Wünsche bestellen?
5. Wie prompt wird Glück geliefert?
6. Wer ist dafür verantwortlich, wenn es meinen Vorstellungen nicht entspricht?

7. Wie sieht meine Absicherung aus?
8. Hat das Glück eine Rückversicherung?
9. Kann Glück umgetauscht werden?
10. Wie viele Stunden muss ich dafür arbeiten?
11. Kann ich einen Dauerauftrag für Glücklichsein aufgeben?
12. Bei wem muss oder kann ich mich dafür bedanken?

Mit Sicherheit haben Sie noch weitere Fragen zum Glück, die können Sie jetzt auflisten. Und wenn Sie das Buch durchgelesen haben, wird es eine Seite geben, auf der Sie diese Fragen hier für sich beantworten können.

Haben Sie noch weitere Fragen zum Glück?

1 ....

2 ....

3 ....

4 ....

5 ....

6 ....

Zurück zu unserem Fragenkatalog, den wir nun Punkt für Punkt betrachten werden! Fangen wir unsere Betrachtungen also beim ersten Punkt der Liste an:

1) Woher kommt das Glück?

Glück ist so individuell, wie jeder einzelne Mensch es ist.

Eine Formel, das Glück vieler Menschen zu beschreiben, wäre mit Sicherheit: ein Lottogewinn, also viel Geld!

Wenn wir denn meinen, mit Geld alles kaufen zu können...!

Aber können wir das? Können wir das wirklich?

Ja, ich weiß – und Sie wissen die Antwort auch, … Sie wissen sie selber am besten! Vieles können wir mit Geld kaufen, aber vieles Lebenswichtige eben auch nicht. Freundschaften zum Beispiel, Zuneigung, echte Liebe und dieses „kleine bisschen" an … ?????, diese Art von Sehnen, die wir manchmal mit dem Schnipsen zwischen Daumen und Mittelfinger zu verdeutlichen suchen …

Was ist denn dieses „kleine – oder große – bisschen" bloß? Wie sieht es aus mit diesem sehnenden Gefühl im eigenen Inneren? Die Gefühle, die so schwer zu beschreiben sind, weil wir eben manchmal selber nicht wissen, wonach wir uns sehnen, – aber sie ist da, die Sehnsucht - das Sehnen nach … – es ist einfach da.

„Mach mich glücklich", – das ist die erste Reaktion und der (Hilfe)-Ruf und die Aufforderung an den Partner.

Wundervoll – damit fließt ein großer Glücksregen für viele, aber noch nicht alle Glücksucher sind „ gut bedient" damit!

„It's from heaven…", singt die Popgruppe Queen,

„Like in heaven …", schmachtet Evis Presley,

„Vom Himmel hoch, da komm' ich her …", weiß ein altes Weihnachtslied,

„Es ist nicht von dieser Welt …", haben die Söhne Mannheims herausgefunden!

Das sind nur 4 Liedertitel, deren Reihe mit himmlischen Auskünften sich lang fortsetzen ließe. Das S e h n e n nach etwas Wundervollem, Unaussprechlichem, Allumfassenden, – nach etwas, das sich nicht wegschieben lässt und etwas will beziehungsweise „nichts will" … „diese Sehnsucht" kommt aus unserem tiefsten Inneren.

Also muss der Himmel etwas mit diesem Gefühl des Sehnens nach Liebe (der Sehnsucht) zu tun haben, und zwar in der Art und Weise, dass er die Liebe und Vereinigung von Partnern abdeckt – und noch weiter darüber hinaus geht, dass er uns sozusagen den Himmel auf die Erde bringt – wenn wir es zulassen!

Welche Begriffe fallen Ihnen jetzt im Zusammenhang mit dem Himmel ein?

Die schreiben Sie am besten alle in den dafür vorgesehenen Abschnitt. Sie erinnern sich noch, wie wir vorgehen? Notieren Sie zuerst alles, was Ihnen in den Sinn kommt, und setzen Sie dann die Nummerierung im Sinne Ihrer persönlichen Wichtigkeit dahinter!

1 ....

2 ....

3 ....

4 ....

5 ....

6 ....

7 ....

8 ....

Focus:

1 ....

2 ....

3 ....

4 ....

Ich weiß ja jetzt nicht, was im Einzelnen auf Ihren Listen steht, das soll auch Ihr eigenes Geheimnis bleiben, aber ich weiß ganz genau, dass sich viele von Ihnen gemüht und gewunden haben, um ein einziges Wort, einen Begriff zu umschreiben oder zu umgehen,

und der ist Gott!

Und wenn nicht „Gott", dann ein anderes Wort dafür – vielleicht heilige Maria, Buddha oder Dalai Lama, Allah, Krischna, Yoganander oder Olurun, oder, oder, oder,

wie Sie ihn oder „es" auch formulieren wollen oder titulieren –

alle diese Namen und Bezeichnungen haben ihre Berechtigung und Bedeutung –

und alle stehen in letzter Konsequenz für dasselbe: nämlich ihren Gläubigen Kraft, Rat, Stütze, Richtlinie, Glaube und Zugehörigkeit, kurz: höchster Rat und Quelle übergeordneter Liebe zu sein.

Nur die Ausübung der verschiedenen Praktiken der Religion ist sehr unterschiedlich und zuweilen für andere sehr schwer nachvollziehbar.

„Wie" – auf welche Weise – viele dieser verschiedenen Glaubensrichtungen praktiziert werden, das zieht viel Beurteilung und Kritik mit sich!

„Wie" – da ist es wieder, das Identitätszeichen, „wie" jeder „es" „für sich regelt" – „wie" jeder seinen Glauben und seine Liebe leben will, – „wie" aufmerksam er (sie, es) arbeitet oder zuhört, – „wie" freundlich der Mensch sich Menschen zuwendet, – „wie" viel Achtung zu geben er bereit ist, – „wie" viel Anteilnahme er seiner Umwelt zukommen lässt, – dieses „Wie" – das ist ausschlaggebend!

Ausschlaggebend – „nachschlagwürdig" ... Ich sehe jetzt mal nach, was das Lexikon[1] zu nachfolgenden Worten zu sagen hat:

Lexikon:

Glück

Günstige Fügung als Schicksal
Der daraus erwachsene Erfolg
Gemütszustand innerer Befriedigung und Hochstimmung, besonders nach Erfüllung ersehnter Wünsche
Günstiger Zufall
„Er ist ein Kind des Glückes" = ihm fällt alles mühelos zu.

Glücklich

Vom Glück begünstigt,
Erfolgreich
Ohne Störung
Ohne Schaden
Froh
Innerlich befriedigt
Hoch gestimmt
Erfreulich
Gedeihlich
Vorteilhaft

Schicksal

Alles, was dem Menschen widerfährt:
Geschick, Los, Fügung, Lebensbestimmung
Das menschliche Leben lenkende Macht
Die Gunst – Ungunst des Schicksals

Schicksalhaft

Unabwendbar, vorherbestimmt
„das müssen wir dem Schicksal überlassen"
– hier können wir nichts tun.

„Führung"

„Es", – das Schicksal.
Wer bestimmt?
„Es"!
Jemand, der etwas führt, leitet
Das Führen
Leiten
Oberbefehl

Glaube

Innere Gewissheit, die von Beweisen unabhängig ist
Gefühlsmäßige Überzeugung
Unerschütterliches Vertrauen

Zuversicht

Die innere Gewissheit über das persönliche Verhältnis zu Gott:
auf Grund fremder Mitteilungen oder geoffenbarter Wahrheiten
Glaube, Liebe, Hoffnung: die 3 göttlichen Tugenden

Segen

Gunst
Gnade
Heil
Glück
Bitte um die Gnade Gottes
Teil des Gottesdienstes
Einverständnis
Zustimmung

Segnen

Jemandem Segen spenden
Gottes Segen auf jemanden herabwünschen
Weihen
Das Zeichen des Kreuzes über jemandem machen
Gott segne Dich
Das Zeitliche segnen = sterben

Vertrauen

Zuversicht
Fester Glaube an jemandes Zuverlässigkeit
Fester Glaube daran, dass jemand sich in bestimmter Weise verhält
Im Vertrauen auf die Ehrlichkeit

Kraft

Stärke
Fähigkeit etwas zu tun
Etwas zu bewirken auf körperlicher oder geistiger Ebene
Das Gleichgewicht der Kräfte
Das Parallelogramm der Kräfte
Das Spiel der Kräfte

Stütze

Hilfe
Beistand
Unterstützung
Pfahl
Balken

Quelle

Herkunft
Ursprung
Aus der Erde tretendes fließendes Wasser

Verbindung

Das, was verbindet
Zustand des Verbundenseins
Vereinigung
Zusammenhang
Chemische Mischung

Beziehung

Verbindung
Zusammenhang
Anspielung
Be-„ziehen“
Hin- und Herziehen

Partnerschaft

Teilhaberschaft
Partner sein
Jemand, der an etwas teilhat
Jemand, der an derselben Sache beteiligt ist

Liebe

Starke Zuneigung
Starkes Gefühl des Hingezogenseins
Opferbereite Gefühlsbindung

Licht

Sichtbare elektromagnetische Schwingung
Helligkeit
Glanz
Schein
Beleuchtung

„Quelle der Liebe", – bei so vielen schlechten Nachrichten über Kriege, Katastrophen, Terror, Anschläge und Betrügereien fragt sich der Betrachter nachdenklich und schließlich entrüstet: Ist das die immerwährende Liebe – ist das göttlich?

Nein, muss ich da zugeben,– aber menschlich!

Denn die Kriege sind von Menschen gemacht und viele der Katastrophen auch.

Es wird geerntet, was gesät wird – und „wie" gesät wurde!

Wollen – haben wollen – noch mehr haben wollen…, immer noch mehr haben wollen…., noch mehr, noch viel mehr, noch größer, noch viel größer, noch höher, noch viel höher – viel, viel höher – Höhenflug!

Es bleibt manchem schier der Atem weg, bei so wenig Maß und so viel Anmaßung!

Und wir alle wissen, wie so was weitergeht, wenn sich diese Spirale höher und höher schraubt.

Wer erhält uns dann den Atem? Wer hält uns dann am Atmen?

So viele Namen für eine Kraft?

Welchen Namen soll die Kraft tragen?

Ich werde jene Existenz „die schöpferische Kraft" oder „das weiße Licht" oder ganz kurz und einfach „es" nennen!

Wie ich auf das weiße Licht komme?

Durch die Farben und das weiße Licht,
die sich manchmal so besonders am Himmel zeigen!

Wenn ich durch das Strahlen und Leuchten wie elektrisiert und verklärt in den Himmel blicke und die Wolken und das Lichtspiel betrachte,

und durch irgendetwas –

dieses schon beschriebene Fingerschnipsen, dieses unbeschreibliche „etwas“, so angerührt werde,

dass ich nur sagen kann: Guck mal, die Wolken…,

guck mal, was das Licht mit den Wolken am Himmel macht,

wie schön das ist,

wie schön „es“ ist, dieses Strahlen und Leuchten!

Und es bewegt sich und verändert sich zu Formen und Gestalten und schickt die Strahlen ganz weit zu uns herunter, bezieht uns in das Schauspiel ein,

zeigt Farben, die sind so weich und so schön, dass man sich „hineinlegen“ möchte,

dass einem ganz eigen – und anders zumute wird als sonst.

Das Sehnen, die Liebe – das Sehnen nach Liebe – Liebe, die aus einem aufsteigt und einen durchströmt, überströmt – und sich weiter verteilt …,

„es” liegt was in der Luft, – love is in the air…!

So komme ich auf das weiße Licht, – und wo Licht ist, da sind auch Farben, denn die Farben kommen aus dem Licht.

Durch Lichtbrechung werden die Farben aus dem weißen Licht in 7 Farbstrahlen aufgespaltet, und diese 7 Farbstrahlen repräsentieren den Regenbogen.

Der Regenbogen als Zeichen und Bund zwischen Himmel und Erde.

Erinnern Sie sich an die Geschichte mit der Arche Noah?

Nach der Sintflut offenbart Gott Noah durch einen Regenbogen sein Zeichen des Bundes zwischen ihm und der Erde.

Freundschaft und Einigung besiegelt mit dem Regenbogen.

Der Regenbogen, als Bund mit sieben Siegeln!

Die Brücke zwischen Himmel und Erde wurde und wird also durch Licht und Farben gebaut.

Sie haben sicherlich schon einmal über die Bedeutung der Farben gelesen.

Und haben Sie auch davon gehört, dass die Farben ihre Widerspiegelung im Menschen haben?

Hier sind die Farben des Regenbogens und ihre Widerspiegelung als menschliche Eigenschaften in den 7 schöpferischen Kräften[2]:

Rot:	die Kraft:	des Lebens und des Willens
Orange:	die Kraft:	der Erleuchtung und der Glückseligkeit
Gelb:	die Kraft:	der Weisheit und der Freude
Grün:	die Kraft:	des Wachstums und der Ewigkeit
Blau:	die Kraft:	der Wahrheit und des Friedens
Indigo:	die Kraft:	der Intuition und der verborgenen Mysterien
Violett:	die Kraft:	der Spiritualität und des Heilens

Diese 7 Farben und Kräfte repräsentieren „es", das weiße Licht.

Ich für mein Teil schlage Ihnen jetzt eine kleine kreative Regenbogenwanderung vor, bei der Sie Ihre persönlichen Lieblingsfarben auswählen können, und zwar mit Angabe von Übergangs- und Zwischentönen, was die Bedeutung der Regenbogenfarben in ihrem weitesten Spektrum erst richtig zum Ausdruck kommen lässt.

Der Regenbogen mit seinen 7 Farben, mit allen Nuancen und Pastelltönen wie Rosa, Pink, Koralle oder Apricot, Gold, Oliv, Magenta (rötliches Lila), Königsblau, Saphirblau – mit Hell- oder Dunkeltönen – das volle Regenbogenspektrum.

Danach sage ich Ihnen etwas zu der Bedeutung der Farben.

Viel Spaß beim Auswählen Ihrer Lieblingsfarben, das Prozedere kennen Sie.

Ihre Lieblingsfarben:

1 ....

2 ....

3 ....

4 ....

5 ....

6 ....

7 ....

Focus:

1 ....

2 ....

3 ....

4 ....

Die Eigenschaften und Bedeutungen Ihrer Lieblingsfarben sind aufgeschlüsselt nach dem Farbensystem von A.S.I.A.C.T. [3] und Aura-Soma.

Es geht bei diesem Schlüssel für die Farben um einen Bezug des äußeren Menschen, der wir sind, zu dem inneren Menschen,

– es geht um den Menschen im Ganzen –,

und es geht um seine Gemüts- und Seelenverfassung.

Wie Stimmungen Hochs und Tiefs in uns bewirken, kennt jeder Einzelne von uns selbst am besten.

Dass wir uns am Wohlsten fühlen, wenn wir im inneren Gleichgewicht sind, wenn unsere Stimmungen und unser Innenleben ausgeglichen sind, wissen wir auch und streben das an.

Die Beschreibungen, die unter der Rubrik „**Herausforderung**" stehen, sollen nicht nur für die negativen Merkmale stehen, sondern auch und ganz besonders im Kontext zu den positiven Eigenschaften gesehen werden.

Stellen Sie sich z.B. eine Wippe auf einem Kinderspielplatz vor.

Eine Seite bewirkt jeweils den Auftrieb, und
zugleich das Abfedern für die andere Seite!
Wenn eine Seite auf dem höchsten Punkt ist,
ist die andere auf dem niedrigsten –
das ist das Spiel.

Jeder Mensch hat – wie eine Wippe – beide Seiten,
die Aufs und Abs,
und dabei braucht man gar nicht
von positiven und negativen Seiten reden
die Seiten der Wippe bedingen einander –
sie brauchen einander,
ob hoch oder nieder –
ohne die beiden Pole könnte es keine Mitte,
könnte es kein Gleichgewicht geben.

Sie sind da, die beiden Seiten, um uns mit den Herausforderungen, die an uns gestellt werden, wo auch immer das sein mag – in der Familie, im Beruf, in der Freizeit – an Punkte tieferer Einsicht zu bringen.

Einsicht im Sinne von „in etwas hineinschauen",
sehen, „wie" etwas ist,
und vielleicht um festzustellen, das es ganz anders ist, als es von außen aussieht.

Sie wollen uns etwas zeigen, diese Herausforderungen, sie wollen eine Entwicklung einleiten und Erkenntnisse hervorbringen.

Deshalb verdienen sie genauso viel Aufmerksamkeit wie die anderen Eigenschaften.

Und es ist die A u f m e r k s a m k e i t im Besonderen und in den kleinen Dingen – und es ist die E r k e n n t n i s der Zusammenhänge, die eine Schlüsselfunktion haben.

Die Farben und ihre Bedeutung

Rot

Lebenskraft, grundlegende Energie zu lieben, Überlebensmuster, Liebe, Leidenschaft, Mut, Dominanz, materielle Seite des Lebens, Extrovertiertheit.
Herausforderung: Frustration, Groll, Wut, Gefahr, Ärger, nachtragend sein.

Rosa

Liebevolle Fürsorge, Liebe für alles zu Pflegende, All – Liebe, Liebe für alles und jedes, Liebe für die kleinen Dinge, weibliche, intuitive Kreativität.
Herausforderung: das Bedürfnis nach Liebe, Schwierigkeiten Liebe anzunehmen.

Pink

Rot und Rosa gemischt! Hier finden Sie die Bedeutungen von Rot – ein bisschen weniger intensiv – und die Bedeutungen von Rosa: Über das Materielle hinweg heben, inneres Erwachen, „Think pink", Mitgefühl, Fürsorge, bedingungslose Liebe.
Herausforderung: Schwierigkeiten mit dem weiblichen Rollenmodell, verletzlich, Probleme mit Strenge, erstickende Liebe.

Orange

Glückseligkeit, hingerissen sein von tiefer Freude, Dinge aus dem Bauch heraus fühlen können, eine fröhliche, gesellige Einstellung, Einsicht, Pfad zum mitgebrachten Wissen, Buddha-Bewusstsein, Hingabe, Erfüllung, Beharrlichkeit.
Herausforderung: Themen, bei denen es darum geht, gegenseitige Abhängigkeit zu lösen, Schock und Trauma, Hysterie, Unentschlossenheit, Mangel an Selbstwert.

Koralle, Apricot

Verantwortung übernehmen, Liebe, liebende Weisheit, Einfühlungsvermögen, die Weisheit sich selbst lieben zu können (wie eine Mutter ihr Kind liebt), Spontaneität, Sensitivität.
Herausforderung: Unerwiderte Liebe, unerlöste Beziehungen, Abhängigkeitsmuster, unerklärte oder versteckte Liebe.

Gelb
Glück, Licht, Lachen, Intellekt, individueller Wille, Götterbote, Eigenständigkeit, mentale Klarheit, Wissen, Humor.
Herausforderung: Furcht, Angst, Kontrolle, Verwirrung, Mangel an Vertrauen, Zynismus und Sarkasmus.

Gold
Macht und Weisheit, Erleuchtung, Reichtum – spirituell und materiell, Glanz und Ehre, Ekstase, Verlangen, Freude, Seelenlicht, Selbstwertgefühl, Alchemie, „Schweigen ist Gold", Gerechtigkeit, Einsicht.
Herausforderung: Selbstzweifel, tiefe Verwirrung, irrationale Ängste, verurteilen, falsche Demut, Gier und Habsucht.

Grün
Wahrheit des Herzens, Liebe zur Natur, Gleichgewicht, Schritt in eine neue Richtung, Raum und Richtung, Integrität, die Gefühlsseite des Lebens, das Herz der Dinge, Suche nach der Wahrheit, Hoffnung, Harmonie, Regeneration, Großzügigkeit, Offenheit, Synchronizität.
Herausforderung: Schwierigkeiten Entscheidungen zu fällen, Neid und Eifersucht, Depression, Begrenzungsmuster.

Oliv
Versprechen eines Neubeginns, Olivenzweig als Zeichen, weiblich – intuitive Führung, löst Verbitterung und Angst, Klarheit den Weg zu erkennen, emotional „im Fluss sein", Freude, individuelle Richtung, Dualitäten verbinden.
Herausforderung: Verbitterung, Macht- und Führungsthemen, Unbeweglichkeit, Unzufriedenheit.

Blau
Frieden, Vertrauen, Glauben, Kommunikation, Willenskraft, Führung, die nährende Qualität der Mutter, der schützende Aspekt des Vaters, klar wie der Himmel ohne Wolken, Autorität, Diplomatie, Introvertiertheit, Akasha.
Herausforderung: Schwierigkeiten mit Autorität und mit dem männlichen Prinzip, emotionale Kühle, Traurigkeit, Leere, Distanz.

Königsblau
Das tiefe Blau des Nachthimmels, Mystizismus, Intuition, öffnet die höheren geistigen Funktionen, Hellsichtigkeit, das dritte Auge, Ehrfurcht gebietend, verbindend, wissend, bestimmend, tiefe Meditation.
Herausforderung: Unbeugsamkeit, Isolation, Einsamkeit, Alleinsein, Depression, Rigidität.

Türkis
Kreativität, kreative Kommunikation der Gefühle, Medienkommunikation, Transdimensionalität, Idealismus, altes Wissen, innerer Lehrer, Individuation, emotionaler Ausdruck, Spontanität, selbstbewusst, neue Technologien.
Herausforderung: Schwierigkeiten Gefühle auszudrücken, Tendenz zu emotionaler Unterdrückung, Kontrolle und Missbrauch von Macht.

Violett
Spiritualität, Transformation, Ganzwerdung, das Gleichgewicht zwischen männlich und weiblich, der Himmel auf Erden, Dienen, Heilen, Demut, heilender Dienst, überweltlich.
Herausforderung: Kummer, versteckter Arger, das Gefühl, „nach Hause" zu wollen, Tendenz zur Wirklichkeitsflucht.

Magenta
Regenbogenversprechen, Liebe von oben, Liebe und Sorgfalt in die kleinen Dinge des Alltags gebracht, Fürsorge im Handeln, Bereitschaft, die Fähigkeit Liebe zu geben, Leidenschaft.
Herausforderung: Die Suche nach der Liebe jenseits des Menschenmöglichen, erstickende Liebe.

Schwarz
… wie die dunkelste Schattierung der Farbe.

Weiß
… wie das Licht.

Hier lasse ich die Farben in Ruhe in Ihr Gedächtnis sinken und gebe Ihnen ein bisschen farbige Nahrung zum Lesen!

Farbige Nahrung

Die „farbige Nahrung", von der ich jetzt erzählen werde, ist spezieller „Art", sie ist aus „Kunst" gemacht!

Das „Restaurant" ist ein Atelier, das „Menü" ist aus verschiedenem gekörnten Ton und einigen Glasuren zusammengestellt, verabreicht in sehr afrikanischem Ambiente, der „Gast und Konsument": der „innere und äußere Mensch"!

Da ich die Natur sehr liebe und mir die Schönheit von Landschaften, Bäumen, Pflanzen, Blumen und Tieren viel bedeutet, habe ich immer versucht die Natur in meine Ateliers zu integrieren. Das, was mir Anliegen war, wurde für meine Schüler eine Art „visuelle Nahrung". Gedanken in diese Richtung empfand schon Leonardo da Vinci im 14. Jahrhundert, als er folgende Betrachtung anstellte:

Das Auge, das man das „Fenster der Seele" nennt, ist die Hauptstraße, auf welcher der Gesamtsinn am reichhaltigsten und großartigsten die unzähligen Werke der Natur in Betracht ziehen kann.

Meine Familie und ich lebten von 1985 bis 1989 in der Hauptstadt des Niger, in Niamey. Niamey ist eine Großstadt am Rande der Wüste. Mein Mann Matthias hatte dort ein Pflanzenschutzprojekt übernommen und war im Rahmen der Entwicklungspolitik engagiert.

Immer wieder wurde mir gesagt, wie schön das „Atelier unter den Bäumen" sei – das war meine Töpferei in Afrika. Sie lag unter großen Baobabbäumen im Garten. In die Baobabbäume kehrten alljährlich zwei Schwarzstorchpaare zurück, um dort zu brüten. Unter den Bäumen lagen auch die großen begehbaren Hasengehege, die unsere Kinder, die siebenjährige Maria und der vierjährige Benny sich so sehr gewünscht hatten. Die Hasengehege erstreckten sich wie eine Bühne vor der Töpferei, sie lagen vor den Tischen und Bänken, an denen getöpfert wurde, und zogen sich an der Gartenmauer entlang. Letztere hatten die Kinder und ich zusammen bemalt – es war dort ein origineller Paradiesgarten entstanden auf dem erdfarbenen Grund der Mauer, der die beiden Gehege auf der einen Seite einzäunte, in dem riesige Blüten leuchteten und Phantasietiere zu Hause waren …

Männchen und Weibchen hatten getrennte Ställe, weil sich die Männchen bei den Hasen manchmal nicht so nett mit ihrem Nachwuchs benehmen – und natürlich um die Population nicht ins Unermessliche wachsen zu lassen. Unsere Kinder hatten nämlich ein gewisses Geschick darin entwickelt, die Lieblingshasen „nur mal eben kurz" in das andere Gehege zu setzen, damit die Lieblinge dann auch so süße Kleine bekämen, wie die Eltern hübsch „gemustert" waren!

Viele Fußbänke zum Sitzen und etliche große afrikanische Tontöpfe als Höhlen für die Hasen sorgten dafür, dass sich Mensch und Tier in gleicher Weise in den Gehegen wohl fühlten. So kam es, dass der erste Weg „meiner Töpferkinder" immer erst zu den Hasenställen führte, wo die Tiere liebkost und gestreichelt wurden, von wo die Hasen dann mit auf die Töpfertische genommen wurden, um die Pfötchen in Ton „abzudrucken", und um dann damit Namenschilder, Kacheln, Teller oder Becher zu verzieren! Sie standen Modell für getöpferte Osterhasen und phantasievolle Neuschöpfungen. Dank der Töpferkinder fanden die vielen Jungtiere immer ein neues Zuhause – und der Bau von Hasen- und Kaninchengehegen in Niamey boomte.

Wenn irgendjemand jetzt überlegt – meist waren das Fragen von männlicher Seite – ob die Hasen denn auch den Weg in die Küche genommen …, und mit Rotkohl …, und so weiter verarbeitet worden wären, …dann kann ich nur sagen: Kein einziger!!

Lachen und Fröhlichkeit erfüllte den Raum – Lebensfreude lag in der Luft – bis hoch zu den Störchen, die in ihren Nestern „klapperten". So eingestimmt entstanden je nach Jahreszeit und Thema Gebrauchsgegenstände wie schon beschrieben, es entwickelten sich Serien von Kinderfiguren im Spiel, und es entstanden prächtige Arche Noahs mit einem überaus phantasievollen Zug der Tiere. Dinosaurier wurden geformt, so selbstverständlich und detailgetreu, als hätten die Kinder sie schon leibhaftig gesehen, gefolgt – der Jahreszeit entsprechend – von der Weihnachtskrippe mit den dazugehörigen Akteuren.

In der Weihnachtszeit erhoben sich „Flügel schwingend" die

schönsten Verkündigungsengel, um zum Feste dann bei ihrer jeweiligen Krippe und den dazugehörigen Figuren die Friedensbotschaft in die Wohnzimmer der Familien tragen zu können, deren Kinder die Gestalten in wochenlanger Arbeit mit viel Liebe geformt hatten.

Die traditionelle Brennweise von Ton im Niger kennt 2 Farben: rostrot wie die Erde und schwarz wie die Farbe der Menschen. Auf diese Untergründe werden mit Weiß und Terrakotta Ornamente gemalt, die symbolische, afrikanische Geschichten erzählen.

Auch unsere „Objekte" wurden so gebrannt und es war einfach wunderschön die Weihnachtskrippe oder den Zug der Tiere zur Arche, Paar für Paar, abwechselnd in rostrot und schwarz zu sehen! Unter der heißen Sonne Afrikas, Engel, Erde, Mensch und Tier – Hand in Hand!

Kräfte, Farben, Licht

Licht ist Farbe – Farbe ist Licht in allen seinen Facetten.

Haben Sie bei dem weißen Licht auch an Elektrizität, Wellen, Teilchen, Schwingungen, usw. gedacht? Das gehört auch mit zu dem ganzen Prozess dazu, genauso wie die Lichtgeschwindigkeit, die Frequenzen und die Wellenlängen. Licht ist elektromagnetische Strahlung und eine spezielle Erscheinungsform von Energie. Jede einzelne Farbe ist ihre eigene Schwingung.

J.W. von Goethe hat sich 40 Jahre lang mit Farbenlehre beschäftigt. Dabei ging es ihm weniger um physikalische Erklärungen, als um die sinnliche Wirkung der Farben auf „Auge und Gemüt". Diese Entdeckungen hallten dann in seinem literarischen Werk wider, wenn Mephisto z.B. in Goethes „Faust" sagt: Ich bin ein Teil von jener Kraft…!

Licht und Schatten bedingen sich, sind die beiden Seiten der Wippe. Tag und Nacht bedingen sich, ergeben zusammen ein Ganzes. Die Sonne ist in gewissem Sinne die Lichtquelle für die Welt. Ich denke an ihr Licht, das das organische Leben auf unserem Planeten Erde ernährt.

„Love is in the air …" – Die „Urquelle allen Seins", die

schöpferische Quelle allen Lebens, besteht aus Licht und damit aus Farben und ist Liebe!

Das heißt und bedeutet: in jedem Wesen, in jedem Sein, – in jedem Menschen, egal welcher Hautfarbe, in jedem Baum, in jeder Blume, in jedem Tier – in der Erde und im Weltall, im Mond, in der Sonne und in den Sternen – im Regenbogen, in den Schneeflocken, in der Wüste und in den Gewässern - in allem, was ist, ... ist ...schöpferische Kraft, – ist weißes Licht, ist Liebe.

Die gesamte Schöpfung spiegelt die schöpferische Kraft und Liebe allen Seins wider.

Sie, die Schöpfung begreift uns vollständig, uns alle:
Mensch, Tier, Baum, Blume, Pflanze, Sonnenstrahl, Schneeflocke, Sternschnuppe, wenn auch wir sie nicht vollständig begreifen können, wir sind Anteile, Aspekte von ihrer Ganzheit. Jeder einzelne von uns ist wie eine Feder in dem Gefieder eines riesengroßen, wundervollen Paradiesvogels, der symbolisch für die Schöpfung steht! Und „ist" noch ganz viel mehr, wie wir im Laufe der Seiten sehen werden.

Ich erzähle Ihnen zur „besseren Verdauung" jetzt eine Geschichte von den Farben Afrikas.

Die Farben Afrikas

Die afrikanische „Panje" als Kleidungsstück und Medium des aktuellen Zeitgeschehens!

Da wir so lange in Afrika gelebt haben, konnte ich immer wieder die Farbenpracht und die Schönheit sowie die Originalität der traditionellen, afrikanischen Stoffe: „der Panjes" bewundern. Gefertigt aus reiner Baumwolle sind sie als Oberbekleidung für Frauen, Männer und Kinder nicht nur dekorativ und leuchtend im Muster und in den Farben anzusehen, sondern sie dokumentieren in ihren Aufdrucken auch das Zeitgeschehen.

So werden für hohe Feiertage im kirchlichen Leben, egal für welche Konfessionen, „Extra-Panjen" mit dem entsprechenden Aufdruck in Arbeit gegeben, das Gleiche gilt für hohe politische

Anlässe, bei denen dann das Porträt des Präsidenten und sein Namenszug die Kleidung schmückt und gleichzeitig für ihn wirbt.

Tausende von Panjenstoffen, die vorbereitet in Stücken von 5.50 oder 12 Metern auf den Markt kommen, sind wandelnde Dokumente der Mode und des Zeitgeschehens. Sie repräsentieren den Tag der Frau, den Tag des Mannes und den Tag des Kindes. Sie zelebrieren den Erzbischof und preisen den Papst, sie feiern Erntedank und das Marktwesen – und sie veräppeln die Wirtschaft mit Karikaturen. Die Neuerrungenschaften der Technik werden auf Panje vorgetragen genauso wie die des Alltags und der Schönheit.

So prangen in verschiedenen Farbzusammenstellungen die neuesten Handys oder Computer auf baumwollenem Untergrund, als lässige „Boubous" an Männerkörpern – dieses traditionelle Gewand besteht aus einer ¾-langen Tunika über langer Hose –, oder aber als Wickelgewänder über üppige weibliche Formen drapiert und mit rollendem Hüftschwung der Trägerin in den Blickfang der Passanten gebracht. In mehreren Bahnen um schlanke Frauenkörper gewickelt, oder mit Bändern um zarte Mädchenfiguren geschlungen, haben die afrikanischen Stoffe und Kleidungsstücke ihre eigene Ausstrahlung und Aussage.

Teller, Töpfe, Tassen werden so dokumentiert für die Häuslichkeit, genauso wie die „Perles d'Afriques", die „afrikanischen Perlen" als typische Symbole bestimmter Regionen. Die Fußballmannschaft nimmt so Aufstellung auf Stoff und erfährt große Wertschätzung durch ihre Bewunderer – und der letzte Schrei der Mode wird demonstriert mit dem Druck und Design von Handtaschen und Schuhen europäischen Schnitts.

Die Panje steht für Pflanzenschutz und Umwelt, desgleichen wie für Tierzucht und Hygiene am häuslichen Herd. Für „Foyer amelioré", einen Ofen, der nicht mehr als 2-3 Holzscheite verbraucht, wird so geworben und damit Bewusstseinsarbeit geleistet – wie auch Aufklärung und Prävention zu Aids in leuchtenden Farben die Blicke auf sich zieht.

Ab einer bestimmten Yardanzahl (Metermaß) kann sich jeder normale Sterbliche eine „eigene" Panje drucken lassen, bei der er Einfluss hat auf das Thema, die Farben und die Muster, und kann damit ein Ereignis nachhaltig markieren.

Zu Familienfeiern wie Hochzeiten, Beerdigungen und Taufen kleidet sich der „Clan“, die Großfamilie, zum besseren Erkennen in dieselbe Panje, die vorher von dem Familienoberhaupt ausgesucht wurde. So wird deutlich, wer zu wem gehört. Dabei kann eine Großfamilie in Afrika leicht über 50 Personen zählen und sich in Richtung 100 Personen ausdehnen – und zu Festen kommen mehrere Familien zusammen!!

Panje ist das, was am meisten verschenkt wird: für Kleidung, fürs Haus, für Vorhänge, Bettwäsche, Tischdecken, für Babytragetücher und als Sonnensegel.

Die afrikanische Panje ist ein Medium, das die Menschen und ihre Zeit widerspiegelt.

Haben Sie jetzt:

Lust zu träumen?

Oder zu reisen?

Oder eine Reise zu träumen?

Oder im Traum zu reisen?

Den Traum zu leben?

Nach Afrika? Oder nach Lappland? Oder anders wohin?

Träumen Sie eine Reise!

Träumen Sie sie dorthin, wohin Ihre Phantasie Sie einlädt!

Ihre Phantasie kann dann in Büchern und Bildbänden in Ihrer Buchhandlung weiter angereichert werden,

in Büchereien, im Reisebüro in Prospekten,

sie kann in Museen und Ausstellungen und Galerien Station machen und auftanken,

und sie kann bereits dort mit besonderen Begegnungen einhergehen.

Träumen Sie eine Reise!

Wo würden Sie am liebsten hinfahren?

Träumen Sie Ihre Traumreise,

und wenn Sie das getan haben, wieder und wieder,

überlegen Sie doch mal, wie Sie den Reisetraum

Realität werden lassen könnten!!

Ich lege jetzt eine Liste an

und Sie können Ihre Gedanken eintragen …

Ich träume eine Reise nach …
und möchte Folgendes sehen:

1 ……………………………………………………………

2 ……………………………………………………………

3 ……………………………………………………………

4 ……………………………………………………………

5 ……………………………………………………………

6 ……………………………………………………………

Focus:

1 ……………………………………………………………

2 ……………………………………………………………

3 ……………………………………………………………

4 ……………………………………………………………

Wie könnte meine Reise Wirklichkeit werden?

1 ……………………………………………………………

2 ……………………………………………………………

3 ……………………………………………………………

4 ……………………………………………………………

5 ……………………………………………………………

6 ……………………………………………………………

Wenn ich ganz fest an meinen Wunsch glaube, dann werden sich durch diese Dynamik unvorhergesehene Möglichkeiten auftun, durch die Intensität des Sehnens!

Und damit zurück zu unseren Fragen:

2) Woher kommt das Glück und wie wird es zum Glücklichsein?

Die Sehnsucht nach Liebe und Glück, oder das Sehnen, das in die Liebe bringt, die Sehnsucht nach Erkennen und Erfahren, das Leben, das nach „Sein" strebt – nicht nur nach Glück, sondern nach glücklich „sein" – das ist „es", was wir suchen.

„Es" ist es, „die Quelle", die sich ausdrücken will in unserem Selbst. Denn „Schöpfen" hat etwas mit schaffen, mit machen, mit kreieren, mit „etwas aus einem angelegten Vorrat holen" zu tun.

Schöpfen aus der Quelle, dem Vorrat, dem „Reservoir".

In der Mode und im Design wird von „Creationen" gesprochen, das kommt von dem französischen „Creation" und es bezeichnet gute Einfälle, Ideen, Modeschöpfungen.

Ideen schöpfen aus sich selbst, das ist wie Wasser schöpfen aus einem Brunnen.

Haben Sie schon mal daran gedacht, dass jeder Mensch, egal, ob er sich darüber im Klaren ist oder nicht, sein Leben zu seinem eigenen Schöpfungsprozess gestaltet?

Wie er das macht?

Durch die Kraft und Energie seiner Gedanken!

Durch seine Kreativität!

Was ist für Sie Kreativität?

Das Lexikon sagt kurz und bündig:

Schöpferische Kraft

Und was würden Sie gerne einmal wieder Kreatives tun?

Sagen Sie jetzt nicht, Sie seien nicht kreativ oder künstlerisch oder Sie hätten kein Talent, nie gehabt. Das stimmt nämlich nicht!

Das haben mich 25 Jahre künstlerischer Arbeit mit Gruppen verschiedenen Alters gelehrt: Sie haben alle Talent, jeder Mensch hat – der eine bewusster, der andere unbewusster, zugegeben, der dritte verlernt, der vierte verschüttet, der fünfte klein gemacht – aber, „er“ ist da, der Funke, der entzündet werden kann! Und vieles ist wieder auszugraben, was verschüttet war und ist wieder freizulegen. Aber, was einmal in der Quelle war – und somit immer noch „ist“ – das ist da, und das bleibt da, und das kann Ihnen niemand nehmen.

Fangen Sie einfach mal an nachzuschauen!

Trauen Sie sich!

Geben Sie sich selbst mit der Ermutigung, „nur so zum Spaß“, die Erlaubnis – und entschuldigen Sie sich nicht bei demjenigen dafür, dem Sie es zeigen – tun Sie es einfach für sich selbst und aus einem neuen Impuls!

Machen Sie etwas Kreatives!

Sie müssen es auch niemandem zeigen, der es bewerten oder „zensieren“ würde, zeigen Sie es nur Freunden, die einen Sinn für Kreativität haben, die Wohlwollen haben für kreative Ideen, und niemandem, für den Kreativität ein Fremdwort ist.

Denken Sie an den Frank-Sinatra-Song: „My way“, oder an den Beatle Paul McCartney, der seine Bilder nur für sich malt, um der Selbsterfahrung wegen, und keines seiner Werke verkauft.

Kreativität fängt damit an, einen Blumenstrauß in einem Glas zu arrangieren und ihn in den besten Blickwinkel für sich selbst zu stellen, um sich daran zu erfreuen!

Jetzt können Sie aufschreiben, was Sie früher gerne gewerkelt, gebastelt, gemalt, geschrieben, musiziert, getan, kreiert haben. Auch wenn Sie sich an fast gar nichts erinnern – fast – bedeutet, dass da noch „etwas“ ist…!

Hier ist die Liste dessen, was Sie mal wieder ausprobieren oder neu gestalten könnten, wollten, möchten!

Das habe ich früher gerne gemacht:

1 ....

2 ....

3 ....

4 ....

5 ....

6 ....

7 ....

8 ....

Das würde ich gerne heute mal machen:

1 ....

2 ....

3 ....

4 ....

5 ....

6 ....

7 ....

8 ....

Extra: Machen Sie eine Liste der Dinge, die Sie besorgen wollen:

1 ....

2 ....

3 ....

4 ....

5 ....

6 ....

Haben Sie schon mal herausgefunden, wie interessant Collagen zu fertigen sind?

Das als Tipp für diejenigen unter Ihnen, denen auf der Kreativ-Seite nichts Wirkliches einfallen wollte.

So wird's gemacht:

Sie schneiden aus Zeitschriften und Magazinen Bilder, Texte, Anzeigen heraus, die Sie ansprechen. Dann setzen Sie der Mischung eine Handvoll Fotos aus Ihrem eigenen Kästchen zu und vermischen sie mit kleinen Erinnerungsstücken wie Ausschnitten aus Briefen, aus Briefumschlägen mit der Briefmarke oder dem Datum des Poststempels, mit Kochrezepten der Großmutter oder mit Requisiten wie alten Kinokarten, Knöpfen besonderer Kleidungsstücke, Spielkarten, Aufklebern, Bändern und dann spielen Sie mit den Bildassoziationen. Die Ideen kommen dann ganz von alleine, und Lachen kommt sicherlich auch dazu!

Als nächstes setzen Sie Ihre Teile in dem endgültigen Kontext zusammen und kleben sie auf ein dickes Blatt Papier auf, oder auf Karton. Ob Sie groß oder klein arbeiten mögen bleibt Ihnen völlig selbst überlassen. Sie können Ihrer Arbeit vorher oder nachher einen Namen oder einen Titel geben. Vielleicht mögen Sie auch eine Beschreibung oder ein Comic dazu schreiben.

Sie können auf diese Weise den Beruf wechseln, Sie können eine Traumreise ins Auge fassen oder ihre eigene, besondere Modekollektion zusammenstellen. Sie können Ihr Wohnzimmer neu einrichten: chinesisch, afrikanisch, japanisch oder französisch, oder Sie können Kunst in Ihre Wohnung einziehen lassen.

„Seien Sie kreativ“,

das ist schon mal der Weg zu unserem nächsten Punkt auf unserer Liste vom Glück zum Glücklichsein.

Und seien Sie sich bewusst darüber, dass Sie selbst etwas schöpfen, kreieren, tun. Und vielleicht stehen Sie dann vor Ihrer Kollage und sind ganz erstaunt über sich. Darüber, dass Sie „das“ zustande gebracht haben.

Kreativität lässt sich in den kleinen und den einfachen Dingen genauso zum Ausdruck bringen wie in den großen! Das Geheimnis eines erfüllten Lebens liegt darin, das zu erkennen, die Kreativität in den kleinen Dingen wie in den großen zu sehen! Wer sie nie in den kleinen Dingen praktiziert hat, kann sie viel schwerer in den „großen Angelegenheiten“ umsetzen!

Weil wir uns jetzt so viel mit Kreativität befasst haben, wechsle ich mit Ihnen mal eben auf einen anderen Kontinent über – im Geiste natürlich!

Ich nehme Sie wieder nach Afrika mit, in eine Zeit, wo Kreativität sehr angesagt war, weil ich mich in ein neues afrikanisches Land eingewöhnen sollte.

Mein Mann und ich haben knapp vier Jahre in Yaoundé, der Hauptstadt von Kamerun, gelebt – allein diesmal, denn unsere Kinder waren bereits in ihren Berufsausbildungen. Die Entwicklungszusammenarbeit hatte uns – wie auch schon nach Brasilien, Syrien, in den Niger und nach Benin an der afrikanischen Westküste – nun nach Kamerun geführt.

Um heimisch zu werden in dem neuen Land, will das Nest gebaut werden. Haus und Garten für die eigenen Bedürfnisse herzurichten, war größtenteils mein Projekt, die Infrastruktur der Stadt und die der einheimischen Leute kennen zu lernen, Kontakte zu knüpfen zu Einheimischen und anderen Europäern ein gemeinsames Anliegen.

Wenn in Afrika ein Haus gemietet wird, dann gehört meistens gleich ein Stab an Personal dazu, oder zumindest einige Leute, die sich als solches verdingen möchten. Hauspersonal wie Nacht- und Tagwächter ist ein absolutes „Muss“ in Afrika und nicht eine Gedankenausgeburt neurotischer Europäer.

Auch die Afrikaner haben ihre Wächter. In den Gebieten, Häusern und Hütten, wo traditionelle Riten praktiziert werden, gibt es Wächter als Holzstatuen, so genannte Stelen, die mit einem entsprechenden Voodoo – einem Zauber – belegt sind, und meistens gibt es noch menschliche Wächter dazu. Hier in Europa würde man vielleicht von einem Erwerbssicherungsprogramm sprechen, um die Wächtersituation in Städten zu benennen, und das trifft die Situation genau.

Mit zwei Wächtern und einer Bonne ist ein Haus mit der Mindest-Betreuung versehen. Wer diese Regeln nicht respektiert, bekommt einen ziemlich ungemütlichen Denkzettel, nämlich „ungebetenen Besuch“ – und wird, so angestoßen – umdenken müssen.

So einen Denkzettel bekam einmal ein Nachbar von uns in Niamey/Niger. Der Nachbar war ein junger Holländer, Lehrer von Beruf, und als solcher von einem holländischen Entwicklungsdienst nach Afrika entsandt. Er wollte das Geld für die Gehälter von Angestellten sparen – und musste dafür teuer bezahlen. Nach zwei Monaten wurde ihm alles aus dem Haus geraubt, was transportabel war, sogar sein Schlagzeug, die Gartenschläuche und die schon recht betagten Terrassenmöbel, die zum Hausinventar gehörten!

Da wir das erste Mal ohne Kinder ausreisten und auch schon reichlich Erfahrung mit Umzügen nach Übersee hatten, nahmen wir uns für dieses Mal eine neue Erfahrung vor, nämlich alles Nötige vor Ort zu kaufen, um es bei der Ausreise genauso zu machen – persönliche Dinge und Erinnerungsstücke natürlich ausgenommen.

Kreativität war auch hier angesagt!

Dies war mein erster Bericht nach Hause, an Familie und Freunde:

Von Kontinent zu Kontinent oder: Stellt Mami schon die Bude auf den Kopf?

Jetzt sitze ich also in Yaoundé/Kamerun am Computer, gucke auf den dicken Mangobaum und die Bananenstauden in unserem Garten, und auf die mit Kokosnüssen reich beladene Palme in Nachbars Garten. Die Temperaturen sind äußerst moderat, 26 Grad, aber immer eine leichte Brise, sodass ein T-Shirt mit Arm angenehmer ist, als eines ohne. Keine Schweißperlen, die einem den Rücken hinunterlaufen, um dann in die Kniekehlen zu tropfen, wie wir das aus Benin, von der Westküste her kannten, keine Sauna-Atmosphäre draußen, dafür aber Harmattan.

Das ist der Wüstenwind, der uns im Niger kleine Sandhaufen auf die Terrasse geweht hat, aber hier in Kamerun bringt er keinen Sand mehr mit, sondern Spuren davon hängen wie feiner Nebel in der Luft. Der Harmattan lässt die Sonne weiß erscheinen und sieht mal geheimnisvoll aus, mal gewittrig.

Volles Kontrastprogramm also, dieser Wechsel zwischen zwei Kontinenten. Auf der Autofahrt zum Flughafen in Frankfurt und im Flugzeug ließ ich die vergangenen fast drei Jahre in Deutschland Revue passieren und stellte fest, wie reich sie an Erfahrungen und Erlebnissen waren, wie stürmisch an „Aufs und Abs".

Benny, der vor drei Jahren mit seinen 17 Jahren mit uns von der Westküste Afrikas nach Deutschland zurückkam, um das erste Mal länger als für einen Urlaub in seinem Heimatland zu leben. Um sein Abitur zu absolvieren bzw. eine Ausbildung anzufangen – und das auch wirklich fertig gekriegt hat – samt Bundeswehr und Führerschein und dem ganzen Einleben in eine völlig andere Mentalität! Das war wirklich eine Leistung, alle Achtung!

Genauso alle Achtung für Maria, die den Wechsel von Kontinent zu Kontinent bereits vor fünf Jahren „packen" musste. Die seit fünf Jahren in Frankreich ihr Geologie-Studium machte, ihr eigenes Leben lebte und ihre Ziele vor Augen hatte, und der Frankreich zur zweiten Heimat geworden war. Maria, die ihre gesamte Schulzeit auf französischen Schulen verbracht hatte und für die es gar keine Frage war, nach ihrem in Afrika abgelegtem Abitur in Frankreich zu studieren. Das hieß für sie: mit 18 Jahren weg von zu Hause und selbstständig leben, um zu studieren.

Telefonverbindungen von Kontinent zu Kontinent – welch ein Segen! Die gegenseitigen Besuche von hier nach da und umgekehrt, waren jedes Mal ein Stück Familienzusammenführung, Welten übergreifend!

Der Reichtum und die Wogen der Erfahrungen, die alten Freunde, die uns Brücken bauten, und die vielen bedeutsamen Situationen, unter denen Menschen zusammengeführt werden, um etwas miteinander anzufangen …! – Dies waren meine Abfluggedanken.

Und dann, ankommen auf dem anderen Kontinent, ankommen in ein neues Zuhause.

Haus und Garten in Yaoundé: ein großes Kompliment an Matthias, der es gefunden hat! Er hat vorbereitet, in dem einen Jahr, in dem er alleine in Kamerun war, was möglich war, während ich in Deutschland noch Mutterpflichten nachkommen wollte, und nachdem ich mich nun „ins gemachte Nest“ gesetzt habe, kommt mein Teil der Organisation dran.

Wenn man davon ausgeht, dass drei Rundumschläge an Vorbereitungen und Instandsetzungen nötig sind, um das Haus und den übernommenen Hausstand auf Vordermann zu bringen (schließlich war es das erste Mal, dass wir Hausrat übernommen haben, sonst sind wir immer mit unserem eigenen Container ausgereist), dann befinden wir uns jetzt am Ende der 2. Runde. Ein Maler muss kommen und „pi…“-gelbe Türen weiß streichen, vielleicht auch ein „erfrischender“ Rundumschlag über die Wände! Die Sofas sind hübsch und bequem, brauchen aber ein „neues Kleid“. Die Vorhänge sind weiß und luftig, aber auf „Halbmast geflaggt“, da müssen die Säume raus bzw. Bordüren dran! Die anderen Vorhänge in den Zimmern werde ich mit Sicherheit auch wechseln, aber das Haus ist funktionsfähig.

Seit heute hantiert unsere „Bonne“ – unsere Hausperle – wieder in der Küche und den Zimmern. Auch sie ist von den Franzosen, die vorher in dem Haus gewohnt hatten, übernommen worden, sie hat Matthias in den letzten Monaten den Haushalt geführt und streicht nun etwas verunsichert durch meine Anwesenheit, aber auch neugierig auf meine Person, durchs Haus.

Mir geht es genauso – da müssen wir uns jetzt beide durcharbeiten und – mit Humor – einfühlen!

Der Garten lädt auch als Betätigungsfeld ein: Es sind einige große Bäume da: Mangobäume, Avocado- und Feigenbäume und zwei Palmen. Büsche, blühende Sträucher und Rasen gibt es, aber auch Schmierläuse, Spinnen und Webervögel, die es sich im Blattwerk gemütlich gemacht haben. Zwei nackte Mauern, die auf Begrünung warten, und eine Terrasse, die mit entsprechenden Sitzgelegenheiten zu einem einladenden Platz im Grünen werden soll.

Deshalb zeigt mir Mister Paul, der Fahrer des Projektes, der ein herrliches „Pidgeon"-Englisch spricht, heute Nachmittag, wo die Rattanmacher und die Gärtner zu finden sind. In den nächsten Tagen werde ich mich wohl bei den Stoffhändlern umsehen, die ich aber auch erst mal ausfindig machen muss. Gestern hat mir Matthias einen Teil der Einkaufsmöglichkeiten gezeigt, wobei ich feststellen konnte, dass es einem an fast gar nichts hier fehlen wird – hier mitten in Afrika!

Ein olivgrüner Renault Clio steht in der Garage (der eine oder andere von euch wird sich an die Geschichte mit den grünen Energiewellen erinnern …) und wartet auf Touren – aber ich muss mir den Verkehr erst einmal aus der Beifahrersicht betrachten, weil es in Afrika ja eigene Fahrregeln gibt, in dem Sinne von: Das dickste Auto hat immer Vorfahrt! Außerdem gibt es ein Heer von gelben Taxis, das sich laut und eindringlich hupend untereinander über Vorfahrtsregeln verständigt – diese Sprache muss ich auch noch lernen!!

Matthias hatte mir ja schon versprochen, dass ich hier ein reiches Betätigungsfeld vorfinden werde…, er hatte Recht…, und ich bin bereit es anzugehen!!

Maria, ich habe gerade deine Mail an Papi bekommen, mit der Überschrift: „Stellt Mami schon die Bude auf den Kopf?"

So ist es!!

Nach der nächsten Geschichte werde ich zu der 2. Frage des Glücks zurückkehren!

Kontraste

Dabei, die Zimmer unseres Hauses wohnlich einzukleiden, brauchte ich eine Schneiderin für Vorhänge und Kissen. Frauen, die ich kennen gelernt hatte, empfahlen mir das Atelier „des femmes handicapes", eine Nähstube, die von körperbehinderten Frauen betrieben wird.

Auf einer lehmigen Anhöhe gelegen, umgeben von etlichen Geschäften, die sich Namen gegeben hatten wie: „Elegance - Coiffure - style americaine et europeenne" - der Friseur, „Boulangerie Charme" - der Bäcker, „Musique-Award" - der Musikladen, „Carla Mannequin" - die Boutique, „Rotin-Prestige" - die Rattanmöbel, fand ich besagte Schneiderei. Fünf Näherinnen, drei in Rollstühlen, zwei ohne, arbeiteten hier.

Ich begrüßte die Frauen, erzählte, von wem ich geschickt worden war, und brachte meine Stoffe und Anliegen vor. Alles kein Problem – alles zu machen, signalisierten sie mir. Die goldenen Buchstaben der „Singer-Nähmaschinen" funkelten sich in meinen Blickwinkel – fünf oder sechs solcher altgedienter Vertreter der Näherei standen in dem halbdunklen Raum. Sie waren mit ihren kleinen Tischen dem Licht – einem Eingang ohne Tür – zugewandt. Der Raum war in der Mitte durch Regale, in denen fertige Näharbeiten wie Tischdecken, Schürzen, Topflappen und Sets angeboten wurden, geteilt, und dahinter findet wohl das übrige Leben statt.

Die Frauen in den Rollstühlen bewegten sich so behände in ihren schon recht heruntergekommenen Fahrzeugen, dass ich staunte. Scheinbar mühelos wechselten die Beine und Füße, die entweder in Plastikschlappen, oder aber in schwarzen Schnürstiefeln steckten, vom Rollstuhl zum Trittbrett der Nähmaschine und umgekehrt. Mein Erstaunen und die Bewunderung muss in meinem Gesicht zu lesen gewesen sein – jedenfalls kicherten und lachten die Frauen – und erzählten, dass es eine deutsche „Madame" gewesen sei, die ihnen zu den Nähmaschinen verholfen hätte, und die überhaupt viel für das Atelier getan hätte.

Guck mal an, dachte ich bei mir, welch positive Spuren! Hilfe zur Selbsthilfe.

Als ich ein paar Tage später meine Sachen abholen ging, hatte es zuvor kräftig geregnet. Der Lehmhügel war glitschig, die Erde drum herum weich, wie es eben so ist, in der Regenzeit in Afrika. Die Näharbeiten waren fertig gestellt, sozusagen termingerecht geliefert, was in diesen Breiten nicht selbstverständlich ist. Im Gegenteil, oftmals klappt es erst nach dem dritten Anlauf, etwas abzuholen, und dann geht die Geduld sichtlich dem Nullpunkt zu.

Ich freute mich über die fertigen Vorhänge und sah mich noch ein wenig in den Regalen um. Die afrikanische Musik nebenan lief auf voller Lautstärke, die Frauen summten oder wippten teilweise im Takt mit – ein bisschen Discosound im Alltag. Die Friseurinnen auf der anderen Seite hatten sich mit ihren Kundinnen vor den Laden gesetzt, um die kühle Luft des frühen Abends zu genießen. Neue Zopf-Frisuren machen ist ein Unternehmen von Stunden, manchmal sogar ein Tageswerk.

Da lenkte ein kleiner spitzer Aufschrei die Aufmerksamkeit in der Schneiderei nach draußen. Eine Frau kämpfte sich den Lehmhügel hoch. Sie sah aus wie eine von den Barbiepuppen, mit denen kleine Mädchen so gerne spielen, und hatte Mühe, wegen der Enge des Rockes und der glitschigen Bodenverhältnisse den Aufstieg zu schaffen. Eben war einer ihrer hochhackigen Pantoletten im Lehm stecken geblieben und hätte sie fast zu Fall gebracht.

Man hörte die Jungs aus dem Musikladen johlen, eine Friseuse sprang zur Hilfe, sie zog die moderne Frau samt ihrem Hacken aus dem Dreck und geleitete sie bis zu dem festen Zementboden vor den Geschäften. Sichtlich geniert und gerötet, streifte sich die Barbie-Dame die Matschfladen von den Schühchen und murmelte etwas von „merde“ und unzumutbar – und verlangte ungeduldig ihre Arbeiten.

Die Schneiderinnen fragten, ob sie bei der Reinigung helfen könnten und brachten alte Lappen bei; Barbie putzte sich so sauber es ging, wobei aber das enge weiße Kleid auch einige Spritzer abbekommen hatte, und die Blicke der neugierigen jungen Männer, die vor der Schneiderei Aufstellung genommen hatten, jede Bewegung mitverfolgten. Ich glaube, sie freuten sich schon auf den ja noch bevorstehenden Abstieg.

Die Schneiderinnen kurvten geschäftig mit ihren Rollstühlen hin und her um die Anfertigungen für die weiße Madame beizukriegen. Letztere stand nun am Nähtisch und prüfte die für sie gearbeiteten Stücke auf Übereinstimmung mit dem Modell und Schönheit der Nähte.

Es gab wohl nichts auszusetzen, und so hängte sich das Puppenidol die neuen Stücke über den Arm und wandte sich zum Gehen. Die Schneiderinnen rieten ihr um den Lehmhügel herumzugehen und ganz langsam „tout doucement" und vorsichtig, damit nichts hinfiele und stecken bliebe!

Die schöne Dame lächelte etwas süß-säuerlich ob der vielen Ratschläge, nahm aber doch dankbar den Arm und die Begleitung der Friseuse an, die sie durch die wilde Matsch-Landschaft geleiten wollte. Die Radiobengels boten zu mehreren dieselbe Hilfe an – und beantworteten die enervierte Absage mit Gejohle – und mit eindeutigen Bewegungen.

Sie kamen heil an der Straße an, die Afrikanerin und die Ausländerin – oben in der Näherei ein Aufatmen.

Regenzeit?

Kontraste?

C'est l'Afrique ça!! Afrika, wie es leibt und lebt!

Zurück zur 2. Frage:

Wie wird das Glück zum Glücklich sein?

Jeder von uns würde den Lottogewinn also freudig mitnehmen, wenn dem so wäre – ein Glücksfall, direkt vom Himmel gefallen – sagen wir, wissen aber, dass dieser Goldregen sehr irdischer Natur ist. Und wir wissen auch, dass es ein Glück mit Verpflichtung ist.

Die Verpflichtung ist:

Reichtum nicht nur anzuhäufen, sondern ihn so zu leben und seine Erfahrungen damit zu machen, dass er auch überströmen kann auf andere, dass er im Fluss bleibt, dass er fließt, damit er sich vermehren kann – der Reichtum – und um davon zu geben – weiterzugeben – und die Empfindungen zu beobachten, die damit einhergehen.

„Willst Du glücklich sein im Leben, trage bei zu anderer Glück, denn die Freude, die wir geben, kehrt ins eigene Herz zurück." – eine Lebensweisheit, die wir uns als Kinder gegenseitig ins Poesiealbum schrieben – sie als Kinder mühelos praktizierten –, um sie uns dann als Erwachsene manchmal mühsam wieder ins Gedächtnis zu rufen.

Meistens erst dann, wenn es uns schlecht geht.

Das, was wir anderen geben, kommt zu uns zurück – als ein unsichtbarer Goldregen vielleicht – aber er fühlt sich wohltuend und angenehm an, wie ein rosa Wolkenbett fürs Herz! Und von da strahlt er aus.

Sich der Fülle bewusst zu sein und sie freudig und dankbar zu leben in dem Bewusstsein, dass die „Fülle der Erfahrungen" das ist, was von Herzen glücklich macht. Und wenn er, der Goldregen, das tut – wenn Freude und Dankbarkeit die Zinseszinsen sind – und Sie glücklich „sind", dann haben Sie viele Erfahrungen auf dem Weg dahin gemacht – und Ihren ganz eigenen Reichtum geschaffen, einen Reichtum, den Ihnen kein noch so gewitzter Dieb dieser Erde klauen könnte!

Dann haben Sie wahren Reichtum angelegt – und das sind die Erlebnisse, Erfahrungen und Einsichten, die Sie bekommen haben! Den „inneren Reichtum" nehmen wir nämlich mit, wenn wir uns irgendwann von dieser Welt verabschieden, wohingegen das Geld auf dem Bankkonto natürlich hier bleibt. Aber langsam, noch sind wir hier auf dem Weg dahin.

„Wo ist ein Lottogewinn oder viel Geld denn schwierig?", fragen Sie, „wenn ich alles damit kaufen kann: Reisen, Kontinente übergreifend, Partys, ein neues Auto, neue Möbel, das Haus am Stadtrand oder mittendrin, aufwändige Kleidung, Schmuck und Antiquitäten", und so ließe sich die Liste der Besitztümer und Wünsche unendlich fortsetzen.

Er ist ein Glück, das wenigen beschert ist, und daran sollten diejenigen, die es besitzen, ihre helle Freude haben. Aber diejenigen, die es nicht besitzen, sind deshalb nicht vom Schicksal vergessen, denn Geld ist nicht die Voraussetzung für Glück.

Im Gegenteil!

Manchmal verschleiert das große Geld das Gefühl an den kleinen Dingen, an den alltäglichen, und den für jedermann zugänglichen Dingen. Den Dingen und Gefühlen, die nur Erkennen und kein Geld brauchen. Umfragen haben zum Beispiel ergeben, dass Lottogewinner ein Jahr nach ihrem großen Geldgewinn nicht glücklicher sind als vorher, als das große Geld noch nicht bei ihnen ausgeschüttet wurde!

Erkennen Sie die kleinen Dinge des Lebens, die Freude machen, – und freuen Sie sich bewusst daran. Sie sind „da", sie brauchen keine Vorbereitung, sie brauchen nur Wahrnehmung.

Sie können existenziellen Sorgen mit positiven Affirmationen begegnen. Sie ziehen damit das Positive, das Sie ansprechen, zu sich heran – und damit in Ihr Leben.

Affirmation:
Ich finde „jetzt" eine Arbeit.
Ich mache meine Arbeit so gut, wie ich es eben kann!!

Das Wort „jetzt" ist wichtig!
Es wirkt wie der Startschuss bei Sportveranstaltungen, die mit dem Zeichen: auf die Plätze – fertig – los – beginnen.

Ich will und werde zur richtigen Zeit
das Richtige sagen,
und das Richtige tun!

Es ist wichtig, dass das, was wir tun, Freude macht!

Machen Sie sich Gedanken darüber, „wie" Sie leben.

Wenn es Ihnen gut geht, danken Sie dem Schicksal dafür. Ja, rufen Sie und singen Sie ihr Glück aus voller Seele hinaus und bedanken Sie sich dafür.

„Bedanken?", fragen Sie. „Wo?"

Na, bedanken Sie sich bei Ihrem Leben! Sie können z.B. sagen:

„Ich bin mein Dank an das Leben!" Genießen, entdecken und staunen Sie – wenn Sie es so wollen, denn dann leben Sie Ihr Leben so, dass Sie abends im Bett an wenigstens eine schöne Erfahrung des Tages zurückdenken können!

Und wenn es Ihnen nicht gut geht, sprechen Sie sich mit jemandem, den Sie gern haben, aus. Umsorgen Sie sich selbst, so wie eine Mutter es mit ihrem Kind tun würde, und schenken Sie sich selbst liebevolle Aufmerksamkeit und Zuwendung. Forschen Sie in sich, wonach Sie suchen, und tun Sie sich etwas Gutes!

Und wenn Sie sich Ihr Unwohlsein betrachtet haben, ist dies ein guter Moment, sich einen Stift zu nehmen und aufzuschreiben, was Sie bedrückt.

Druckstellen:

1 ....

2 ....

3 ....

4 ....

5 ....

6 ....

Machen Sie sich Gedanken um die Welt, in der Sie leben und um Ihre Umwelt. Welches ist Ihre Rolle darin?

Wie ist Ihr Verhältnis zur Natur?

Wollten Sie vielleicht viel öfter hinaus in die Natur gehen und tun es aus irgendwelchen Gründen dann doch nicht? Sagen Sie, weil Ihr Partner keine Lust hatte?

Das macht gar nichts! Gehen Sie alleine, Sie werden dann ganz andere Beobachtungen machen, weil Sie sich mehr auf Ihre Umgebung und auf sich selbst konzentrieren können. Halten

Sie ein Gespräch mit sich selbst und gelangen Sie zu neuen Einsichten!

Wie sieht Ihr Alltag aus?

1 ....

2 ....

3 ....

4 ....

5 ....

6 ....

Was möchten Sie verändern?

1 ....

2 ....

3 ....

4 ....

5 ....

6 ....

Vielleicht hat Ihnen der Spaziergang Raum gegeben für einige neue Ideen die Sie umsetzen möchten? Wunderbar – nur zu, guten Mut, und gehen Sie's an!

Wie beginne ich neue Ideen umzusetzen?

Mit Freude und einem kleinen Lächeln nach außen – und in den inneren Menschen!

Und mit dem Gedanken: „Es wird gut werden!"

Hier ist ein 10-Punkte-Programm, nach dem Sie vorgehen können:

1. Träumen Sie, was Sie sich wünschen und schreiben Sie zuerst Ihre Vision – Ihren Wunschtraum – auf.
2. Malen Sie sich das gewünschte Endergebnis detailgetreu aus.
3. „Es wird gut werden“ – mit dieser Rückversicherung fangen Sie an.
4. Besonnenheit, Konzentration, Selbstbeherrschung Bewusstsein, gezielter Wille und Intuition sind die Grundlage.
5. Legen Sie Ihre ganze Persönlichkeit in die Ausführung Ihrer neuen Gedanken. Seien Sie sich darüber bewusst, dass Energie Ihren Gedanken folgt – zielstrebig und zielgerichtet.
6. Geben Sie viel liebevolle Aufmerksamkeit in die Ausarbeitung der kleinen Dinge und genießen Sie sie.
7. Stellen Sie sich jeden der zu verwirklichenden Schritte bis ins kleinste Detail genau vor und notieren Sie sie.
8. Gehen Sie dann Schritt für Schritt in den Vorbereitungen auf das avisierte Endergebnis zu, treten Sie ein in Ihre Handlung. Sie sind die Handlung!
9. Positive Gedanken machen positive Gefühle! Stellen Sie sich Ihre Handlung so warm und gut vor, wie es gerade geht.
10. Bitte schön, danke schön, gern geschehen, der Dank ist wichtig und sollte nicht fehlen!

Auf der folgenden Seite können Sie die zehn vorangegangenen Schritte mit einer neuen Idee praktizieren:

1 ....

....

2 ....

....

3 ....

....

4 ....

....

5 ....

....

6 ....

....

7 ....

....

8 ....

....

9 ....

....

10 ....

....

Energie folgt Gedanken:

Gedanken bekommen dadurch Macht und Kraft.

„Image“ ist das englische wie das französische Wort für Bild, Darstellung. „Imagination“ kann mit „Bebilderung“ übersetzt werden.

Imaginieren Sie ihre Welt kann heißen: bebildern Sie ihre Welt, soll meinen: Stellen Sie sich Ihre Welt nach Ihrem Wunsch und mit Ihren Bildern vor und treten Sie darin ein. Das ist so wie ein Maler ein Bild malen kann: Er geht von einem konkreten Modell aus, vielleicht einer bestimmten Gruppe von Blumen im Garten oder auf einem Feld. Er malt die Blumen nach seinem Eindruck und Empfinden – ganz genau und farbgetreu – und dann kann es geschehen, dass seine Hand Sphären oder Gestalten oder Muster in das Bild malt, die in der Ansicht des Feldes oder des Gartens gar nicht zu sehen sind.

Das innere Auge hat sie aber wahrgenommen (für wahr genommen!) und sie haben ihre Berechtigung da, die Gestalten oder Sphären oder Muster, weil nämlich die Intuition, die innere Führung des Malers – sein Bewusstsein – sie dorthin geschickt hat.

So sehen berühmte Maler ihre Arbeiten[4]:

Pablo Picasso sagte:
Es gibt Maler, die die Sonne in einen gelben Fleck verwandeln. Und es gibt andere, die dank ihrer Kunst und Intelligenz einen gelben Fleck in die Sonne verwandeln.

Amadeo Modigliani drückte es so aus:
Was ich suche, ist nicht das Wirkliche, das Äußere, und auch nicht das Unwirkliche, was ich suche, ist das Unbewusste
– das Mysterium des Instinktiven.

Der griechische Maler **Constantin Brancusi** beschrieb es so:
Denn das Wirkliche ist nicht die äußerliche Form,
sondern das Wirkliche ist das Wesen der Dinge.

Giovanni Segantini sah es sogar in dieser Schärfe:
Die Kunst ist die Mittlerin zwischen Gott und unserer Seele!

Johannes Itten wiederum sieht es so:
Farbe ist Energie, die über Worte, Beschreibungen und Be-

zeichnungen hinausgeht. Lassen Sie nicht den Filter des Gehirns dazwischentreten.

Sehr interessant ist die Aussage von **Konstantin Ciurlionis**:
Im Licht und damit in der Farbe schwingen alle Töne –
und deshalb auch alle denkbaren musikalischen Harmonien mit.

Schaffen Sie sich jetzt Ihre eigene Bildergalerie, und entdecken Sie, dass das Bild die Sprache des Unterbewusstseins und der Seele ist.

Wie das Gesetz der Imagination anzuwenden ist?[5]

Ganz einfach, Sie haben es bereits in den 10-Punkte-Plänen gelesen und geübt!

Jetzt soll es mit den nächsten Schritten bewusst in Ihnen verankert werden. In einem 10-Punkte-Programm Imagination!

Haben Sie noch eine Idee, die Sie umsetzen möchten?

Stellen Sie sich diese Idee als ein Ihnen angenehmes, wohltuendes Bild vor, in dem Sie sich absolut wohl fühlen. Schließen Sie die Augen und verweilen Sie in Ihrem Bild. Vielleicht hören Sie etwas darin, vielleicht riechen Sie einen bestimmten Duft – schmecken etwas Bestimmtes – vielleicht sehen Sie etwas Unerwartetes – oder spüren – oder tasten etwas Besonderes.

Schreiben Sie alle diese Bewegungen auf.

Damit befinden Sie sich bereits am ersten Punkt „Imagination“

Fahren Sie nach dem vertrauten 10-Punkte-Programm fort:

1 ....

....

2 ....

....

3 ……………………………………………………………

……………………………………………………………………

4 ……………………………………………………………

……………………………………………………………………

5 ……………………………………………………………

……………………………………………………………………

6 ……………………………………………………………

……………………………………………………………………

7 ……………………………………………………………

……………………………………………………………………

8 ……………………………………………………………

……………………………………………………………………

9 ……………………………………………………………

……………………………………………………………………

10 ……………………………………………………………

……………………………………………………………………

Die Imaginationen berühmter Maler bringen unser Thema zum Abschluss:

Yves Klein lädt uns ein:
Reich' mir die Hand, damit ich den Frieden des himmlischen Blaus mit dir teilen kann…!

Paul Klee erklärt uns:
Bei der Kunst ist das Sehen nicht so wichtig wie das Sichtbarmachen!

Claude Monet sagte es so:
Die Aufgabe des Künstlers besteht darin, „das" darzustellen,
was zwischen dem Objekt und dem Künstler steht,
nämlich die Schönheit der Atmosphäre, das Unmögliche.

Ein anderes Mal sagte Monet:
Vielleicht verdanke ich es den Blumen, dass ich Maler geworden bin!

Leonardo da Vincis Auffassung war:
Der Maler muss nachdenken, über das, was er sieht,
und mit sich selbst Zwiesprache halten.

Und **Emil Nolde** rief aus:
Das Künstlersein ist ein triebhaftes Ringen mit Gott und der Natur! Es ist ein Kampf in Lust und Leidenschaft mit der Materie, mit den Menschen und mit seiner selbst.

… ob „Kampf" oder Ringen, ob Lust oder Leidenschaft… es finden Entwicklungen statt,

Entwicklungen, die mit einem Ziel verbunden sind!

In diesem Sinne leite ich über zu der nächsten Geschichte. Über Entwicklungshilfe als berufliche Aufgabe und Grundlage unseres Lebens will ich als nächstes berichten, um Ihnen dieses Thema, das in den Geschichten immer wiederkehrt und mit weiteren persönlichen Entwicklungen Hand in Hand geht, etwas näher zu bringen.

Entwicklungshilfe

Entwicklungshilfe war das Stichwort und der Plan, nach dem wir fast 30 Jahre unseres Lebens im Ausland verbracht haben. Ausland, das uns Stück für Stück zur jeweiligen Heimat wurde. Darum will ich hier über die Arbeit meines Mannes Matthias sprechen, denn seine Wissenschaft ist die „Tropenlandwirtschaft", die uns mit der GTZ, der Gesellschaft für Technische Zusammenarbeit, einer Organisation, die Entwicklungszusammenarbeit und technische Hilfe leistet, in die weite Welt geschickt hat. Matthias wurde zuerst als Fachkraft und dann als Projektleiter verschiedener Entwicklungshilfeprojekte entsandt, ich ging als „mit ausreisende Ehefrau" mit.

Die GTZ untersteht als Entwicklungshilfe-Organisation dem Bundesministerium für wirtschaftliche Zusammenarbeit und Entwicklung. 1972, als die GTZ noch GAWI hieß, begann mein Mann seine Arbeit dort. Dann begannen die Auslandseinsätze und Projekte. Die bunte Reihe liest sich folgendermaßen und beginnt im Sommer 1974:

Wir gingen zuerst nach Brasilien, in den Staat Santa Catarina. Dort war es ein Saatkartoffel-Vermehrungsprojekt, das mit deutscher Unterstützung der Landbevölkerung Nutzen bringen sollte. Von Ende 1977 bis 1981 lebten wir in Deutschland, Matthias arbeitete in der Zentrale der GTZ und betreute Projekte im Ausland. Unsere Tochter Maria wurde 1978 geboren und unser Sohn Benjamin kam 1981 auf die Welt.

Zu viert gingen wir 1981 nach Syrien, wo wir in Damaskus lebten. Das Projekt hieß: „Pflanzenschutz mit Flugzeugen"! Unsere Zeit in Afrika begann 1985 in Niamey, der Hauptstadt des Nigers. „Ernährungssicherung und Verbesserung der Ernteerträge durch Heuschrecken- und Webervogel-Bekämpfung" war die Aufgabe. Webervogelschwärme und Heuschrecken fressen in kürzester Zeit jegliche Hirsefelder leer – Hungersnöte sind die Folge.

1999 ging es zurück nach Deutschland, aber schon 2001 erneut nach Afrika! Kamerun war das neue Ziel auf dem afrikanischen Kontinent, Yaoundé, die Hauptstadt Kameruns, der Projektstandort. Das Projektabkommen hatte die OAU, die „Afrikanische Union", mit der GTZ als Partner in einem überregionalen Programm abgeschlossen, das den Anschluss der afrikanischen Staaten an einen internationalen Standard im Rahmen des weltweiten Pflanzenschutzes bringen sollte.

Mein Mann war der Programmleiter. Armutsbekämpfung, Ernährungssicherung und Steigerung der Lebensqualität sind die Oberbegriffe für Entwicklungshilfe. Das IITA, das internationale Institut für tropische Landwirtschaft, ist eines von 16 Agrar-Forschungszentren, das zur Beratergruppe der internationalen landwirtschaftlichen Forschung (CGIAR) gehört! Das Institut wird von der Weltbank und zahlreichen weiteren Gebern unterstützt. Deutschland hat ein langfristiges Interesse an der Entwicklung von neuen Technologien im landwirtschaftlichen Bereich, um Armut zu bekämpfen und Ernährung zu sichern.

Nach den katastrophalen Schäden, die die Maniok-Schmierlaus in den frühen achtziger Jahren in Afrika angerichtet hat, machte sich eine sehr motivierte Gruppe von Pflanzenschützern und Entomologen (Insektenforscher) am IITA und weiteren mit ihnen verbundenen Forschungszentren in ganz Afrika an die Arbeit – und sie entwickelten das erste „Afrika-weite biologische Kontrollprogramm", um die Schmierlaus-Pest zu bekämpfen.

„Nützlinge im Einsatz gegen Schädlinge" ist die Devise des biologischen Pflanzenschutzes: der Schädling soll von natürlichen Feinden ausgerottet werden. So kam es, dass natürliche Feinde der Maniok-Schmierlaus in Süd-Amerika ausgemacht wurden. Es waren winzige Wespen, gerade einen halben Zentimeter groß, die sich über die Läuse hermachten und ihnen ihre Eier in den Körper legten. Die Entwicklung der Eier führt zum Tod der Maniok-Schmierlaus.

Die natürlichen Feinde wurden also über längere Zeit sorgfältig beobachtet, wurden im Labor neu aufgezogen und getestet, denn die Wissenschaftler mussten sicher gehen, dass die Wespen ausschließlich die Maniok-Schmierläuse angriffen und nicht das ökologische Gleichgewicht der Region störten. Danach wurden sie in Pilotprojekten eingesetzt und ihr Wirken ausprobiert.

Um den Pflanzenschutz netzartig über die Maniok-Anbauregion in Afrika zu verteilen – vom Senegal bis Mozambique – mussten nationale biologische Pflanzenschutzprogramme aufgebaut werden. So entstand 1990 das Programm meines Mannes „TT&TU": Technologie, Test & Transfer (Das „U" steht für Unit = Einheit). Die Kernpunkte des Programms waren: Sicherer und nachhaltiger Pflanzenschutz, Unterstützung nationaler Forschungseinrichtungen und entsprechende Ausbildung qualifizierter Mitarbeiter, Austausch von Informationen und Verbreitung der Technologien, Verbesserung des Kosten-Nutzen-Verhältnisses von Pflanzenschutz-Maßnahmen, Unterstützung regionaler Zusammenarbeit, Vermeidung doppelter Aktivitäten.

Der Transport und der Einsatz der Nützlinge erfolgten häufig mit dem Flugzeug. Dazu wurden die Wespen in Minicontainern untergebracht und in eine Kassette gepackt, die in ein mit einer Auswerfvorrichtung versehenes Gerät im hinteren Teil des Flugzeugs geschoben wird. Mit Hilfe dieses Gerätes werden systematisch die von Schädlingen befallenen Kulturen mit Nützlingen übersprüht. Bei jedem Flug wurden ungefähr 200 000 Wespen abgeworfen. Diese „Freilassung" wurde bereits in über 13 Ländern Afrikas, d.h. über einer Fläche von 650 000 km^2 praktiziert, was einen bemerkenswerten Rückgang der Schäden mit sich gebracht hat.

Wenn man im Ausland anfängt sich neu einzurichten, geschieht das natürlich in vielerlei Hinsicht viel lockerer als wenn man in der Heimat etwas „mit Bestand" auswählt. Im Lockersein und einem gewissen Nomadenstatus liegt aber auch gerade der Reiz und die Herausforderung, und die Frage des Geldes, wie viel investiert werden soll, für welche Zeitspanne, schafft einen Rahmen. Die Dauer der Zeit, die man an dem neuen Ort verbringen wird spielt eine Rolle, und der Ort selber, sein Flair, seine Ausstrahlung, seine Kultur.

Die Ansicht eines Hauses oder Gartens zieht bei mir immer die Vision nach sich, von dem, was ich daraus machen könnte, um es schön und den eigenen Bedürfnissen gerecht zu machen.

Davon handelt der nächste Bericht.

Visionen und Praxis

Matthias und ich waren sehr erleichtert, als unsere über eine Woche verschollene Koffer-Kiste mit allen unseren persönlichen Utensilien endlich und zu unserer großen Freude mit Air France ankam.

Aufatmen! Mit den Worten: „Your prayers have worked, Sir!", rief Paul, mit dem wir im Wechsel die ankommenden Flugzeuge abgewartet hatten, vom Flughafen bei uns zu Hause an und gab damit neuen Vorhaben Raum. Die ersten Verschönerungsarbeiten waren getätigt und hatten Wohn- und Esszimmer gemütlicher gemacht. Jetzt sollten die mitgebrachten Bilder und Kunstdrucke aus der Kofferkiste aufgehängt werden.

Auf den frisch von Gisele abgeschmirgelten und von mir neu gestrichenen Wänden im Ess- und Wohnzimmer – das geschah in Eigeninitiative, weil es schneller so ging als auf den Maler zu warten – hängen jetzt all die „großen Meister". Kunstdrucke von Chagall über Rothko zu Moser, von Klee über Rodin zu Monet und Southerland – und mittendrin natürlich auch Zweigertsche Bilder!

Etlicher französischer Rotwein, von dem es hier eine gute Auswahl gibt, begleitete die Aktion, und Matthias, der meint, er hätte „Augen wie eine Wasserwaage", achtete auf die „richtigen Abstände und Höhen" der Bilder. Ein großer Senufo-Wandteppich von der Elfenbeinküste, hellgrundig gewebt mit Tiermotiven in Indigo handbemalt, hielt Einzug, er wurde an der Wand über dem Esstisch aufgehängt, und ein solches Teil schmückt auch den Tisch als Decke.

Jeweils zwei neue Korbsessel, an Beistelltischen unter den beiden Fenstern stehend, gaben dem Wohnzimmer etwas Luftigleichtes und passten gut zu den Sofas. Für letztere lag bereits der Bezugsstoff bereit (hellbeige mit dunkelblauen Streifen), der Polsterer musste aber noch gefunden werden.

Wir hatten Fenster mit Aussicht!

Glücklicherweise waren es überwiegend die schönen afrikanischen Bäume und Büsche: die Palmen, Mangobäume und Bananenstauden, die Flamboyants und die Akazien, duftende Frangipanier-Büsche, Bougainvilliers, Avocados und die hohen Irokobäume, die von den Fenstern aus ersichtlich waren, auch aus den Gärten der Nachbarn und in der weiteren Umgebung. Sie waren es auch, die die Phantasie für weitere Gartengestaltung nachhaltig anregten, denn die nackten Mauern mussten bepflanzt werden – da rankten in meiner Vorstellung schon üppig blühende Kletterpflanzen drüber –, verholzte Büsche mussten ausgeschnitten, gute Erde musste aufgefüllt werden und, und, und!

Viele Berge und Hügel, über die sich die Stadt ausbreitet und ergießt, die immergrüne Vegetation und eben besagte Bäume – an einigen Stellen noch als Urwälder zu erkennen – ergeben das äußere Bild von Yaoundé. Die Stadt als Stadt ist ein schnell gewachsener Moloch, mit Kastenarchitektur, vielen Bauruinen – da nämlich, wo dem Bauherrn das Geld ausging, blieben die Bauten einfach so stehen – manche stehen seit vielen Jahren so da! Sehr, sehr arme Wohnviertel und Hütten, stehen im Gegensatz zu überaus imposanten Prestigebauten, die dann wie das Tüpfelchen auf dem „i“ auf einem Berg prangen, wie der Präsidentenpalast, das Kongressgebäude, große Ministerien oder feine Hotels.

Aber die Stadt als Ganzes gesehen, auf Hügel und in Täler ergossen, eingebettet in sattes Grün und blühende Vegetation, mit pittoresken Märkten und buntem afrikanischen Leben, „…das hatte was“.

Und es hat diesen aberwitzigen Verkehr, der sich wie ein riesiger gelber Wurm, gefärbt von den dominierenden gelben Taxis, seinen Weg durch die Häuserschluchten und Täler bahnt. „Soyez indomptables“ – „Lassen Sie sich nicht manipulieren“, – diese Aufforderung steht auf großen gelben Spruchbändern über den Straßen, …Situationskomik in vielerlei Hinsicht für mich… denn in den Straßen stehen Polizisten und kassieren für fragwürdige Verkehrsdelikte ab … alles eine Preis- und Verhandlungssache, … „chaque-un veut vivre“ … „Jeder will leben“!

Andere Länder, andere Sitten, … ich staune und lerne und versuche zu verarbeiten und umzusetzen …!

Die zwei Seiten der Medaille

In den vergangenen Wochen sah es manchmal so aus, als ob die Entwicklungen rückwärts gingen statt vorwärts!! Viele Erfahrungen – höchste Ansprüche an die Geduld –, Staunen, Wut – und doch immer wieder Mut – und freundliche Zeichen von irgendwoher.

Unser Polsterer hatte uns drei Wochen lang versetzt, kein vereinbartes Rendezvous führte zu einem Treffen bzw. Arbeitstakt, dadurch hing ich in der Warteschleife und hatte den Kopf nur begrenzt frei für Kunst und Bilder. Die 15 Meter gestreifter Bezugsstoff, die so dringlich auf den Polsterer warteten wie ich, gingen im wahrsten Sinne des Wortes baden, denn bei der Waschprobe eines Stückes lösten sich die Streifen in kleinen blauen Wellen im Wasser auf! Also nichts mit Blau, sondern stattdessen: „Think pink!" Der Stoffhändler meinte, das wäre nicht sein Stoff!! – Man arrangierte sich! – Alles mit viel Rederei verbunden – und ein bisschen Kraftakt!

Die frühen Morgenstunden allerdings, die der Malerei gehören, rückten alles Durcheinandergeratene wieder insoweit zusammen, als dass der Gleichmut zurückkehrte im Sinne von: Es gibt Schlimmeres!

Und das in der Tat. So war die erste große Einladung, bei der ich meine weitere Nachbarschaft kennen lernen sollte, überschattet von einem schrecklichen Unglück, das sich am Tag zuvor ereignet hatte. Ein Linienautobus fuhr in einen Schulbus der amerikanischen Schule – es gab neun Tote! Wie furchtbar es sein muss für Eltern, ihre Kinder (im Alter von 10 bis 14 Jahren) zu verlieren, kann man sich kaum vorstellen. Schuld an dem Unfall hatte der Fahrer des Linienbusses.

Ich hatte in den letzten Wochen gerade meinen „Frieden geschlossen" mit den gelben Taxikarawanen, indem ich mir sagte, die Verkehrsbeförderung per Taxi kommt wenigstens der Bevölkerung mit kleinem Einkommen zugute, obwohl fast jeder Taxifahrer fährt, als hätte er seinen Führerschein in der Lotterie gewonnen. – Und wohl nicht nur die Taxifahrer!

Um die Neuigkeiten in der Gesellschaft abzurunden, gab es noch Berichte über die Entführung einer Französin vor einem nahe gelegenen Supermarkt, bei der die Wächter des Marktes wohl ganz schnell zur Seite gesprungen waren statt einzugreifen – man hat Angst vor Racheakten. So auf dem Laufenden über „Afrikanisch-Wild-West“, gingen wir denn doch ein bisschen niedergeschlagen nach Hause. Es gäbe noch mehr solcher zwielichtigen Geschichten zu erzählen – von dem besoffenen Polizisten etwa, der sich im dicksten Verkehr in mein Auto zwängen wollte, woran ihn letztlich aber seine Leibesfülle, seine schlecht zu koordinierenden wackligen Beine und Arme hinderten – sowie das beherzte Eingreifen einiger Passanten.

Da wir uns mit uns, und in unserem neuen Zuhause wohl fühlten und auch weil dieses bergige Kamerun mit seinem enormen Reichtum an wild wachsenden Früchten wie Bananen, Mangos, Avocados und Ananas etwas Urwüchsiges und Schönes hatte, erhielten wir aber immer wieder Auftrieb. Die Geduld von Matthias war in seinem Arbeitsleben ja auch jeden Tag in einem Maß gefordert, das anders ist als in Deutschland – anders deshalb, weil hier die Mentalität eben anders ist, Grenzen werden immer wieder überschritten, weiter hinaus geschoben, neu gesetzt!

Doch wohl auch getreu dem Motto: „Zwei Schritte vor und einen zurück“, ging es immer ein Stückchen weiter, und das ist ja letztlich das, worauf es ankommt.

So auch mit dem Polsterer. Nach drei Wochen tauchte er wieder auf und weil mit den entsprechenden warmen Worten seines Chefs versehen, ging alles weitere auf einmal ganz schnell, die zwei Schritte nach vorn vervollständigten sich für uns zu benutzbaren Sitzmöbeln, und damit wollten wir die Sache auch beenden! Geduld hieß das Thema, das geübt werden sollte, Geduld und Mitgefühl!

Der Garten jedenfalls profitierte sehr, denn dort war ich in der Wartezeit am Ackern, und alle Pflanzen und Blumen, die ich herbeischaffte, dankten es mir mit schnellem Anwachsen und Großwerden. Und damit wäre ich bei der Kehrseite der Medaille angekommen, denn, was einer Sache abgeht, kommt einer anderen zugute!

David, der oft mit mir geackert hatte und der für treffsichere, beziehungsvolle Argumente steht, sagte nach jeder Pflanzaktion begeistert: „Le patron sera content" – der Patron (Herr des Hauses) wird sich ja so freuen, wenn er das sieht, „all die Blumen für ihn", wenn er nach Hause kommt!!

Ist das nicht ein stichhaltiges Plädoyer für ein Patriarchat??

3) Haben wir auf das Glück oder das Glücklichsein eine Garantie?

Wenn Sie fest darauf vertrauen und die folgenden Gedanken beachten, - ja!

Diese Garantie ist sehr von Ihren eigenen Verhaltensweisen, von Ihrem Verständnis für sich, Ihrem Verständnis für andere und für Anderes, und von Ihrem wachsenden Bewusstsein abhängig.

Die Garantie hängt mit Ihnen selbst zusammen!

Sie halten kein Kärtchen mit 1- oder 2-Jahres-Glücks-Frist in Händen! Sie können aber dafür das Glück einer viel längerfristigen Garantie erarbeiten! Einer lebenslangen Glücksgarantie!

Stellen Sie sich Kinder vor.

Denken Sie an ihre Ehrlichkeit und Offenheit, an ihre Liebe und an ihr Vertrauen in Menschen, ihr Vertrauen das Leben zu leben. Spielerisch mit Freude und mit Liebe. Mit dem Vertrauen in die elterliche Führung.

Vertrauen ist ein Anfang!

„Vertrauen ist eine Oase im Herzen, die wir mit der Karawane des Verstandes nicht erreichen können", sagt Nathanael!

Einfach mit Vertrauen, fragen Sie?

Ja, im Vertrauen auf Intuition und Führung!

Was bedeutet für Sie Vertrauen?

1 ....

2 ....

3 ....

4 ....

5 ....

6 ....

7 ....

8 ....

Was ist Vertrauen?

Vertrauen ist:

sich seiner inneren Führung anzuvertrauen,

der Führung, die einige von uns „Gott“ nennen, andere „Buddha“, wieder andere „die schöpferische Allmacht“,

– ich nenne sie „das weiße Licht“

Vertrauen ist:

auf die leise innere Stimme zu hören.

Auf „sich selbst“ zu vertrauen – der eigenen Intuition.

Die Intuition jedes Menschen ist individuell, darum berät sie auch „maßgeschneidert“ die entsprechende Person gemäß ihrem individuellen Lebensplan.

Darum ist das, was die Intuition für eine Person für stimmig weist, gar nicht unbedingt das Optimale für eine andere.

Wie dieses Selbst aussieht, fragen Sie?

Wie ein Mikrokosmos im Makrokosmos – ist eine Weisheit!

Wie oben so unten – eine andere!

Wie Seele – das innere Wesen in uns!

In der Küstenregion von Kamerun gibt es Statuen aus Ton, die das äußere und das innere Gesicht des Menschen zeigen, dazu seine neutrale Maske, von der keine Persönlichkeit abzuleiten ist.

Stellen Sie sich eine Fechtmaske vor, deren Visier hochgeklappt werden kann. Das Gesicht der Statue sieht von außen aus wie ein Visier. Wenn man es aufklappt, zeigt es aber auf der Rückseite ein „Gesicht". Jetzt kann man in die hohle aufgeklappte Tonfigur gucken und sieht tief drinnen noch ein Gesicht!

Wenn der „Visierdeckel" der Statue wieder zugeklappt wird, sehe ich also von außen die „Visiermaske", ich weiß, dass auf der Rückseite der Visiermaske ein Gesicht ist, und ich weiß, dass das Gesicht auf der Rückseite der Visiermaske auf das Gesicht in der Tiefe der Statue blickt.

Die afrikanische Kunst spiegelt mit ihren Masken und Statuen, ihrer traditionellen Kleidung, ihrem Schmuck und dem gesamten Kunsthandwerk den Lauf der Zeit – der Geschichte und des Glaubens wider.

Die Menschen haben wesentlich weniger Schulbildung, viele hatten nie die Möglichkeit in die Schule zu gehen, aber mit den traditionellen Wurzeln ist jedes Kind vertraut.

Jetzt ist es aber – im Vertrauen – Zeit für eine Geschichte, zu deren Bewältigung ich auch viel Vertrauen gebraucht habe.

Afrikanische Fahrprüfung

Der Verkehr in Yaoundé/Kamerun ist haarsträubend für einen Europäer! Während vieler kleiner Besorgungen habe ich meine „kamerunische Fahrprüfung“ abgeleistet, und ich muss sagen, jedes Mal war ich dankbar, wenn ich wieder heil zu Hause gelandet war.

Immerhin habe auch ich lernen müssen, an welcher roten Ampel ich „unbedingt“ halten musste, viel wichtiger war aber noch, an welcher roten Ampel ich „unbedingt“ durchfahren musste – weil es sonst Auffahrunfälle, Staus und sonstiges Undenkbares hätte geben können.

Der Verkehr lief manchmal 6-spurig, obwohl nur 4 Spuren vorgesehen waren. Das lag daran, dass mindestens 2 bis 3 Spuren nebeneinander liegend von gelben Taxen befahren wurden, die ein seltsames Schauspiel von Stop and Go, von Spurenwechsel, Überholen und Gestikulieren darboten.

Dass Afrika seine eigenen Fahrregeln hat, in dem Sinne von „das dickste Auto hat immer Vorfahrt“, hatte ich schon im Niger und in Benin gelernt. Dass aber ein Heer von gelben Taxis, das sich laut und eindringlich hupend untereinander über Vorfahrtsregeln verständigt, die Verkehrsdynamik vorgab – diese Sprache musste ich erst noch lernen.

Gisele, meine Bonne, erklärte mir lachend die Zusammenhänge: Alle Taxis sind Sammeltaxis, die für relativ wenig Geld Fahrgäste aufsammeln, die in dieselbe Richtung wollen.

Das erklärte das Stop and Go Verhalten.

Die Fahrzeuge, die dann belegt waren, wechselten die Spur, weil sie ja nun schneller fahren konnten. Sie waren aber ihrerseits wieder gezwungen, auf die haltenden oder ebenfalls ausscherenden Fahrzeuge Rücksicht zu nehmen. Das taten sie jedoch „beladen“ weniger gern als umgekehrt, was dann zwangsläufig manchmal zu Diskussionen und Wutausbrüchen führte – die ihrerseits in Schlägereien enden konnten. Bis zum endgültigen „Aus“ einer solchen Situation konnte es passieren, dass es Handgreiflichkeiten gab, Wut, Verletzte, Polizei, Krankenwagen, und dergleichen mehr.

Es gibt nur sehr wenige öffentliche Verkehrsmittel, an ihrer Stelle fungieren dann wieder die Taxis, und … und hier beginnt das Spiel von neuem. Tragödie manchmal, Komödie ein anderes Mal – vor allem aber: Transportmittel und Infrastruktur für viele Kameruner!

Dazu ein Dialog mit unserem Nachtwächter Mamam abends in unserem Garten.

Er bemerkt, was ich nett finde: „Oh, Madame fährt selbst Auto und traut sich in den Verkehr von Yaoundé. Das ist sehr mutig."

Ich hatte mir für den nächsten Tag vorgenommen, in den Teil des Stadtzentrums zu fahren, in dem der Verkehr am dichtesten ist, um „learning by doing" den direktesten Weg in die Stadt und wieder heraus zu finden. Zweimal war Paul mit mir unterwegs gewesen, um mir die Stopp-Schilder zu zeigen, bei denen man weiterfahren musste, verbunden mit der dringlichen Aufforderung: „Don't respect this stop sign, Madame, you have to go, …" Desgleichen die Schilder, auf die nicht geachtet werden sollte, oder aber solche Ampeln im Kreisverkehr, wo auf 2 Spuren von 4 unbedingt auf Ampelreglung zu achten ist!!

Linksabbiegen auf afrikanisch bedeutet: „You have to block it", was heißen soll, den fahrenden Strom zu blockieren, indem man sich langsam aber unaufhaltsam zwischen die fahrenden Autos schiebt – im schlechteren Falle ein paar Schrammen einsteckt –, aber so, – man glaubt es kaum – auf einmal eine Schneise in Autobreite gefräst hat, die zum Abbiegen reicht!

Das Lob von Mamam beflügelte meinen Pioniergeist in dem Maße wie die nachfolgende Unterhaltung mich nachdenklich stimmte!

„Ja", sagt Mamam, „mein Cousin", – es folgt eine lange Erklärung der genauen verwandtschaftlichen Beziehung (hier: dieselbe Mutter, ein anderer Vater; in Kamerun herrscht offiziell anerkannt die Polygamie, die einem Mann 4 Ehefrauen erlaubt) – „mein Cousin hat gerade gestern einen schweren Autounfall gehabt!"

„Wie schrecklich", entfährt es mir.

„Ja, beide Kiefer gebrochen, zwei Zähne verloren – und aus den Ohren rann das Blut. Erst zwanzig Jahre, der Arme, und schon so zerstört…!“

Jetzt schaudert es mich wirklich. Ich denke an meine Kinder im fernen Europa, an meinen Mann, und daran, dass ich meine Tour nach Yaoundé morgen vielleicht doch verschieben sollte … Um das Thema zu wechseln, frage ich ihn, was er von meinen Pflanzunternehmungen an der Mauer hält: 16 frisch gesetzte, überaus entzückende lila Rankpflanzen, die hier mit dem Namen „Belle d'un jour“ was übersetzt „Schöne für einen Tag“ heißt, verkauft werden, in europäischen Breiten Thunbergien oder Himmelsschöne heißen. Am Abend fällt die schöne Blüte ab und bildet mit den anderen Artgenossen einen blau-lila Blumenteppich auf dem Boden.

Vor meinem geistigen Auge ist schon alles dicht eingewachsen und mit Blüten übersät, um die Mauer, die Obligatorische, aufs Schönste zu beranken und zu verstecken!

„Très jolie, Madame“, wirklich sehr, sehr schön, sagt Mamam, „die Mauern sind ja auch hoch …“

Das schaffen die lila Pflanzen spielend da hoch zukrabbeln, und alles mit Blättern und Blüten zu bedecken, denke ich zufrieden, denn sie sollen ganz schnell wachsen, sagte mir der Gärtner, und ich kenne jetzt alle Gärtner im Umkreis. „Ja, gut, dass die Mauern hoch sind“, bekräftigt Mamam noch einmal, „denn es gibt viele Einbrecher hier“, ein kehliges Lachen, „aber mit einem guten Wächter und einer soliden Mauer … haben Sie da kein Problem …!“

Ah, wirklich, denk' ich –

na, dann schlaf gut, Dornröschen!!!!

Zurück zu unseren Fragen:

Ich habe erfahren:

Wenn Herz und Verstand zusammenkommen, und ich bereit bin, mich in meinen Vorhaben, neben meinem Verstand – meinem Ego – und den Gedanken, die vom Herzen kommen, auch führen zu lassen – „im Vertrauen auf mich selbst, – „im Vertrauen auf meine Intuition“, dann wird es gut laufen!

Ich kann einfach sagen:

„Ich bin bereit, meine Herausforderungen anzunehmen“,
ich bitte um Führung.

Indem ich sage: Ich bin bereit,
„klicke ich bewusst den Link“ und gebe mich in die innere Führung.
Mein „Ego“ steht jetzt unter der inneren Führung
(Was es auch tut, wenn ich mich nicht bewusst in die Führung begeben habe – denn die Führung ist allenthalben – damit hat das Ego und der Mensch allerdings zuweilen seine Schwierigkeiten.)

Ich gebe mich ein in die Führung und bitte um Erkenntnis für meine Angelegenheiten!

Ich werde jetzt die richtige Wohnung finden –
Ich werde jetzt das passende Auto kaufen –
Ich werde den richtigen Partner, die richtige Partnerin zum richtigen Zeitpunkt finden.
u.s.w.

Ich bin mit meiner Intuition verbunden!
Meine Intuition führt mich.

Ich bin eine Persönlichkeit und ich bin bereit:
Ich will und werde
zur richtigen Zeit, am richtigen Ort
das Richtige sagen und tun.

Mit Affirmationen ziehe ich zu mir heran, was ich gerne bewirken möchte!

Was die Führung ist?
Sie ist die schöpferische Essenz allen Seins,
und wir spüren sie als „die innere Stimme".

Sie ist das höhere Selbst,
das Überpersönliche.

Der Glaube ist ein Aspekt im Vertrauen.
Eine Vorstufe ins Vertrauen.

Vertrauen ist ein „Seins-Zustand".

Der Mensch, das Ego, muss … nicht „immer" entscheiden, eingreifen wollen ins Geschehen – weil er die höhere Ordnung nicht kennt.

Den übergeordneten Plan.

Jeder Mensch kann ja nur nach den Mustern entscheiden, die er kennt. Das Leben will aber, dass wir neue Muster kennen lernen, um uns weiterzuentwickeln!

Die höhere Ordnung könnte so anschaulich gemacht werden:

Stellen Sie sich einen herrlichen Teppich vor.
Einen Teppich, der in den aufwendigsten, schwierigsten und verschiedenartigsten Mustern gewebt ist. Noch dazu in den schönsten Farben, die Sie sich denken können. Ein Traumteil!

Stellen Sie sich nun vor, dass der Teppich „das Bild" Ihres Lebens darstellt.

Aber Sie, Sie wissen ja gar nicht, an welcher Stelle Sie auf dem Teppich stehen.

Sie kennen zwar das Sprichwort oder die Ermahnung „immer hübsch auf dem Teppich bleiben!", aber Sie kennen nur die Muster bis zu Ihrem Standort, (Ihre eigenen Verhaltensmuster, für die die Teppichmuster symbolisch stehen). Selbst da können Sie nur vage nach Ihrem Alter abschätzen, wie viel Teppich Sie schon zurückgelegt haben, (wie viele Muster Sie kennen) und wie viel Sie vielleicht noch vor sich haben!!

Also, höchst überpersönlich, die Sache!

Vielleicht haben Sie gerade ein Gefühl für das Gewebe Ihres Lebens entwickelt, eine Ahnung davon, wie die Muster wechseln, auch wenn Sie manchmal gar nichts dazu beigetragen haben. Das ist dann der Moment, wo einer entdecken muss, dass das Ego völlig ausgetrickst wurde, ohne Ankündigung und Voranmeldung – ohne Frage und Antwort.

Das Programm hat einfach gewechselt, ohne Ihr Zutun.
Und Sie haben so erfahren, dass es übergeordnete Fäden gibt, unerklärliche Zusammenhänge – oder doch erklärlich?

Nur ein Teil der Fäden läuft bei uns zusammen und der Webstuhl ist nicht von dieser Welt!

Wohl aber ein Teil der Muster und Farben – bis zu dem Punkt, wo Sie, ich, wir, der Einzelne, steht, - auf dem Lebensteppich.
Da arbeiten wir mit, da werden wir einfach mitgenommen,
ob wir „es" wollen oder nicht, da wirken und weben wir mit, obwohl wir das Gesamtwebmuster nicht kennen und die Fäden doch geführt werden.
Auch Sie,
Sie sind noch nicht fertig, wenn Sie denken, Sie haben alles, was Sie wollen, erreicht, gemacht, getan ...!
Sie sind am Leben, und am Weben – und obendrein mit beiden Beinen auf dem Teppich.

Der Mensch muss nicht in diese höhere Ordnung eingreifen, – aber er kann und soll seine Wünsche formulieren und aufschreiben!

Was kann ich tun zur Wunscherfüllung? [6]

1. **Wunsch formulieren:**

   Wunsch und Wille, Herz, Verstand und höheres Selbst auf den Wunsch ausrichten.
   Wenn der Wunsch ins übergeordnete Konzept passt – in den übergeordneten Web-Plan jedes einzelnen –, dann wird er erfüllt werden!
   Genau und detailliert beschreiben, was ich möchte.
   Nicht: „So", wie meine Freundin es hat, so will ich es auch!

2. **Wunsch abgeben:**

   Das Überpersönliche um Unterstützung bitten!
   Ich bitte um Unterstützung bei……………………………

3. **Wunsch abschicken:**

   Ich adressiere meinen Wunsch und stecke ihn in einen imaginären Briefkasten.
   Danach warte ich auf dessen Beförderung.

4. **Wunsch loslassen:**

   Bedeutet: jetzt wo der Wunsch in dem Briefkasten liegt und befördert wird,
   habe ich meine Energie und Kraft für andere Dinge frei.
   Ich lasse meinen Wunsch jetzt los.

5. **Abwarten!**

   Wunsch = Brief wird ohne mein Dazutun bearbeitet!
   Ich glaube fest daran:
   Die Post ist im Kasten, die Sendung wird erfolgen!
   Darum danke ich von Anfang an für die Erfüllung!

Nun sind Sie dran, geben Sie Ihre Post auf!
Und immer nur einen Wunsch auf einmal abschicken

1 ....

....

2 ....

....

3 ....

....

4 ....

....

5 ....

....

6 ....

....

Ich für mein Teil gebe Ihnen jetzt einen Brief zu lesen, den ich in der Adventszeit im heißen, wenig weihnachtlichen Afrika geschrieben habe.

Über Fügung, Führung und Engel habe ich damals nachgedacht und gelesen, – aber lesen Sie selbst:

Advent

Ihr Lieben

Die Adventszeit hat begonnen – in gut zwei Wochen ist Weihnachten.

Alle Jahre wieder – das Fest der Liebe –
alle Jahre wieder – und doch –
jedes Jahr ein bisschen anders.

Anders wie ?

Anders im Bewusstsein, in der Wahrnehmung!
Immer getragen von Vorfreude und Vorbereitungen – wobei wir Stress natürlich alle ausschalten(!) – und uns an den das Fest vorbereitenden Maßnahmen erfreuen. Sterne, Glocken, Weihnachtsengel sind auf einmal auf dem Plan – wie schön – und warum letztere eigentlich nur zur Weihnachtszeit?

„Send me an angel", sang eine berühmte Rockband.

„You walk like an angel, talk like an angel …", wusste schon Elvis Presley!

Paul Klee malte seine Engel das ganze Jahr über. Je weniger gut es ihm ging, desto mehr kommunizierte er mit seinen Engeln.

Er nannte sie: Engel im Werden, Vergesslicher Engel, Engel – noch weiblich, der Künftige, Engel überreicht das Gewünschte, Schande, es weint, in Engelshut auf steilem Weg, kniender Engel, Näherung Luzifer, Engel im Kindergarten, im Vorzimmer der Engelschaft, bald flügge, Walküre, Würde des Amtes, mehr Vogel, unfertiger Engel, der Fels der Engel, Engel des alten Testaments, Engel vom Stern, Engel übervoll, wachsamer Engel, letzter Erdenschritt, Belastungsprobe, Krise eines Engels, altkluger Engel, hässlicher Engel, Engel im Boot, statt Beinen Flügel, Angelus militans, Erzengel, zweifelnder Engel, hoher Wächter, Engel voller Hoffnung, Schutzengel. [7]

Ich wünsche Euch allen, die ihr mir lieb und nahe seid, Schutzengel. Auch mir sind schon Engel begegnet. Sie flogen mir vor einigen Jahren im frühlingshaften Tessin aus meinen Aquarellfarben über die Hände aus dem Pinsel heraus direkt aufs Malpapier. Dabei wollte ich eigentlich etwas ganz anderes, etwas

„Realistisches“ malen, – doch dann waren sie auf einmal einfach da: die Engel, – einer nach dem anderen!
Ich nannte sie Sonnenengel, Mondengel, Kamelienengel, Seraphim, Cherubim, Weihnachtsengel, Etoile und Schutzengel!

Ich habe die Erfahrung gemacht, dass Schutzengel existieren. Sie existieren mit dem Auftrag, die Menschen – jeden einzelnen von uns – zu beschützen und zu begleiten. Das passiert meist aus dem Verborgenen heraus, denn der Auftrag der Engelwelt lautet: den freien menschlichen Willen, das Recht zu unserer Entscheidung – ob ja, oder nein, – zu akzeptieren, d.h. nicht einzugreifen, wenn nicht ausdrücklich dazu aufgefordert wird. Bis irgendwann eine bewusste Aufforderung erteilt wird – ein bewusster Kontakt hergestellt wird durch den Menschen.

Warum also nicht einmal, zweimal, … dreimal … immerdar … unseren Schutzengel persönlich einladen, mit uns zu gehen - und das nicht nur zur Weihnachtszeit??

Ich wünsche euch allen Lieben eine wohl beschützte – engelsame – wunderschöne – friedensvolle Adventszeit.

Als Kind fiel es uns leicht an Engel zu glauben und mit Engeln zu reden. Vielleicht können Sie da wieder anknüpfen – oder einen Kontakt neu knüpfen.

Wie ein Kontakt zu einem Schutzengel hergestellt werden könnte?

Zum Beispiel so:

Mein Schutzengel, ich bitte dich:
führe und geleite mich!
Führe, leite, begleite und bereite meinen Weg!
Behüte mich!
Bitte, lass mich meinen Weg erkennen!

Bitte, lass mich erkennen, was für mich angesagt ist!

Führe mich bitte durch meine Termine und durch meinen Tag!

Lass mich bitte möglichst schnell erkennen, was angesagt und wichtig für mich ist!
Was bringt mich weiter?
Was ergibt sich daraus?

Ich danke Dir von Herzen!

Weihnachtsbotschaft

Unsere Tochter Maria war zu Besuch bei uns in Kamerun. Weihnachten stand vor der Tür!

Unsere Unternehmungen und Ausflüge führten uns in die nahe und fernere Umgebung, in das bunte Treiben in den Straßen, zu Kunsthandwerkern, auf Märkte, zu Stoffhändlern, mit der nicht enden wollenden Vielfalt an Farben und Mustern der afrikanischen Stoffe, und zu Schneidern, die die Stoffe in Kleider, Kissen, Vorhänge oder Bezüge verwandelten.

Das große Fest kündigte sich an, der Verkehr war von vielen überladenen Buschtaxis dominiert, die Früchte, Gemüse und lebendige Schweine und Ziegen mit zusammengebundenen Beinen nicht nur im Inneren des Autos, sondern auch häufig in Schräglage auf dem Dach transportierten.

Als Gegensatz dazu die europäischen Supermärkte, in denen „Foie gras", die berühmte französische Gänseleberpastete, Muscheln, Austern und weitere Spezereien in nie zuvor gesehener Auswahl lagerten, und in denen vier Tage vor Weihnachten sogar aus Frankreich eingeflogene Tannenbäume verkauft wurden.

Eingeflogene Tannenbäume gäbe es nicht in Kamerun, so wurde mir vorher von Freunden gesagt, denn die meisten Ausländer würden ihr künstliches Bäumchen schmücken oder eine afrikanische Kiefer kaufen, die aber auf ihren hängenden Zweigen keine Lichter tragen könne. Dank dieser Information stand „unser" Lichterbaum zu dem Zeitpunkt bereits bei uns zu Hause.

Und das kam so: Ich hatte einem Schmied die Zeichnung eines circa 1,50 Meter hohen, sehr abstrakt gehaltenen Engels gebracht, der 24 Kerzen trug. Nach der Fertigung eines kleinen Modells, um zu sehen, was machbar war und wie sich die Plastik von der Zeichnung unterschied, fanden wir, dass es der

Mühe wert sei, in die nächste Runde zu gehen und den Weihnachtsengel anzufertigen.

Nun machten der Schmied und ich uns gemeinsam an die Zusammensetzung des „großen Bruders“ vom kleinen Engel. Ich lernte eine Menge über Schmieden und Schweißen, und unter viel Funkenflug von Verstrebung zu Verstrebung – manchmal auch wieder Absägen, wenn die Proportion um ein winziges, aber wichtiges Stück nicht stimmten – wuchs unser Engel beständig in die Höhe. „Monsieur Moussa“, der Schmied, hatte wohl bereits „Lederhaut“ an den Händen, denn während er mir einen Sicherheitsabstand von mindestens zwei Metern zuwies, den ich gerne annahm, prasselten und zischten die Funken des Lötkolbens um ihn herum, als sei er der Stab der Wunderkerze.

Da die Arbeit vor der Werkstatt ihren Lauf nahm, waren es nicht nur die weiteren Angestellten und Lehrlinge der Schmiede, die uns zusahen, sondern einfach Passanten, die stehen blieben, um das „Happening“ zu Ende zu verfolgen.

„Was wird das denn – c'est quoi ça?“, war eine immer wieder geraunte Frage, und man blickte von dem schwarzen Hauptakteur auf die weiße Assistentin und ein figürliches Gebilde aus senkrechten und waagerechten Eisenstangen, das mittlerweile eine Höhe von 1,50 Metern angenommen hatte.

„Ein Engel, das wird ein Engel“, wurde von den Lehrlingen zurückgeflüstert. Die Zuschauer blickten noch erstaunter und verfolgten jede unserer Bewegungen mit Spannung, als ob der Engel auf einmal abheben könnte, um sich allen Blicken zu entziehen.

Als die Bleche für 24 Kerzenhalter geschnitten und an die Verstrebungen geschweißt wurden, fragte jemand, ob das für eine Zeremonie, für einen Voodoo, benötigt würde. „C'est pour la fête, das ist für Weihnachten“, antwortete ich, „der Engel soll ein symbolischer Verkündigungsengel für Weihnachten sein.“

„C'est pour la fête de Noël“, echoten jetzt viele Zuschauer erleichtert im Chor und freuten sich, „c'est pour la fête, das ist aber hübsch, c'est jolie ça“!

Am Abend flog der Engel, auf der Ladefläche eines Kleintransporters balancierend, in unseren Garten ein – und wurde mit viel Ahhh und Ohhh auf die Terrasse geleitet, wo er bis zum 24.12. auf seinen Einzug ins Weihnachtszimmer gewartet hat.

Und als er denn da so stand, am heiligen Abend, inmitten der liebevoll gepackten Weihnachtsüberraschungen und leuchtend von seinen 24 Kerzen, da kam die Weihnachtsbotschaft ganz von alleine rüber:

„Friede auf Erden, und den Menschen ein Wohlgefallen!"

Er hat seinen Engeln befohlen über Dir,
dass sie Dich behüten
auf allen Deinen Wegen.
Dass sie Dich auf Händen tragen
Und Du Deinen Fuß nicht an einen Stein stößt!
Psalm 91, Vers 11

4) Wo können wir das Glück und die Wünsche bestellen?

Beim Leben, bei uns selbst und im Vertrauen und im Glauben daran.

Im Vertrauen auf die Erfüllung unserer Wünsche!

In der Bereitschaft für das Leben.

Unter der Mithilfe von Schutzengeln.

Im Vertrauen auf die innere Führung!

Beim Imaginieren und beim Visualisieren.

Sich dem Leben schenken – ich bin mein Dank an das Leben –,

indem Sie leben und träumen und vertrauen,

und Ihre Träume und Wünsche mit Vertrauen verwirklichen,

indem Sie „sie" leben,

indem Sie „sie" Wirklichkeit werden lassen.

Lassen Sie Ihre Träume Wirklichkeit werden!

Sehr viele Vorstellungen, die wir haben, sind alte Muster von früher. Diese „alten Muster" sind manchmal von Generation zu Generation vererbt. Wenn wir „neue Muster" anstreben, wäre es gut, die alten Muster zu verstehen um Neues anzustreben, um Neues geschehen zu lassen.

Nicht nur Vorstellungen von dem Neuen zu haben, sondern ganz genau zu definieren und formulieren was wir wollen. In dem, was wir wollen, können ganz neue Bilder und Vorhaben auftauchen, etwas, das unsere Vorstellung und damit die alten Muster nicht kennt.

Das könnte so aussehen:

1. Vorhaben genau definieren: ich habe etwas vor ....

   ich möchte etwas erreichen....................................

   Schreiben Sie es einfach auf!
   Dabei sollten Sie einzelne Punkte genau beschreiben und Details präzisieren!

2. Ich bitte um Hilfe und um Führung zu den in 1 aufgeführten Punkten.

   In der Reihenfolge formulieren!

3. Ich teile meinen Schutzengeln
   oder dem Universum
   oder der schöpferischen Allmacht
   oder der allumfassenden Kraft der Liebe,
   oder welche Beschreibung auch immer Sie „dafür“
   einsetzen wollen,
   meine Wünsche mit und bitte um Führung.

4. Loslassen!

5. Ich segne mein Vorhaben ab, wie in einem guten
   Geschäftsbrief:
   Ich danke Ihnen im Voraus für Ihre Mitarbeit
   und verbleibe mit besten Grüßen ...

6. Sendung abwarten
   und loslassen!

   So lasse ich es gut sein!
   Es ist gut so, wie es ist,
   was ich abgeschickt habe.

Welche Vorhaben möchten Sie definieren?

1 ....

....

2 ....

....

3 ....

....

4 ....

....

5 ....

....

6 ....

....

Welche Pläne möchten Sie zuerst „bearbeiten"?

1 ....

2 ....

3 ....

5) Wie prompt wird das Glück geliefert?

So prompt wie etwa dieses Gedicht eines unbekannten Verfassers es als „Gewissheit" beschreibt.

Gewissheit

Alles liegt in Dir:
Wenn Du denkst, dass Du geschlagen bist,
dann bist Du geschlagen.
Wenn Du denkst, dass du's nicht wagst,
dann wirst Du's nicht wagen.
Wenn Du gewinnen möchtest, aber denkst,
dass Du's nicht kannst,
ist es fast unmöglich,
dass Du es schaffen wirst.
Wenn Du denkst, dass Du verlieren wirst,
hast Du verloren.
Denn in der Welt draußen wirst Du sehen,
dass Erfolg mit dem Willen
eines Menschen beginnt.
Alles liegt in Dir.
Gar oft ist mancher Lauf verloren,
bevor auch nur ein Schritt getan:
Und manch ein Feigling hat versagt,
bevor er sein Werk auch nur begann.
Denke groß, und Deine Taten werden wachsen.
Denke klein, und Du wirst zurückbleiben.
Denke, dass Du kannst, und Du wirst können.
Alles liegt in Dir.
Wenn Du denkst, dass Du ausgestoßen bist,
dann bist Du es.
Du musst hoch denken, um aufzusteigen.
Du musst von Dir überzeugt sein,
bevor Du jemals einen Preis gewinnst.
Des Lebens Kämpfe werden nicht immer
von den Stärkeren und Schnelleren geführt;
Aber früher oder später:
Der Mensch, der gewinnt,
ist der, der denkt,
er kann.

Sie zeigen auf,
was Sie „zu erledigen“ haben, und bitten um hilfreiche Unterstützung bei Ihrem Vorgehen.

Wer eine Bitte abgibt, gibt seinen Willen ab.
Bitten – abgeben – loslassen – die Wunscherfüllung wirken lassen!

Weder „Kopf noch Bauch“ sollten das alleinige Recht der Entscheidung über uns haben.
Das wäre besinnungslos!

Nur, wenn Kopf und Bauch zusammengehen – zusammengehen mit einer inneren Führung – dann ist das Vorhaben perfekt!

Sich selbst,
dem Leben und dem Universum
ganz präzise die eigenen Wünsche beschreiben!

Diese konkrete und präzise Bestellung vertrauensvoll aufgeben,
adressieren
und die Bestellung abschicken.
Sie loslassen
in dem Bewusstsein, dass der Bestellservice in einem
angemessenen Zeitraum „liefern“ wird.
Zweifel ausschalten,
denn der „Service“ liefert nicht an Hand von Zweifeln.

Abschicken und Loslassen.
Den Brief nicht wieder aus dem Kasten holen!

Bestärkung:
Wenn ich etwas von ganzem Herzen wünsche
und das Gewünschte in den übergeordneten Plan passt,
helfen alle schöpferischen Kräfte mit,
den Wunsch zu erfüllen.

Kennen Sie das Buch: „Der träumende Delfin“ von Sergio Bambaren? Das ist eine wunderschöne Geschichte, in der das Beschriebene folgendermaßen ausgedrückt wird:[8]

„… Es sagt der alte Delfin zu einem Jüngeren:

Es kommt eine Zeit im Leben,
da bleibt einem nichts anderes übrig,
als seinen eigenen Weg zu gehen.
Eine Zeit, in der man die eigenen Träume
verwirklichen muss.
Eine Zeit, in der man endlich für die eigenen
Überzeugungen eintreten muss.

Gerade in der größten Verzweiflung
hast du die Chance,
dein wahres Selbst zu finden.
Genauso wie Träume lebendig werden,
wenn du am wenigsten damit rechnest,
genauso wird es mit den Antworten auf jene Fragen sein,
die du nicht lösen kannst.
Folge deinem Instinkt
wie einem Pfad der Weisheit
und lass Hoffung
deine Ängste vertreiben…“

Bei Tieren reden wir eher von Instinkt als bei Menschen. Bei Menschen kommt der Begriff der Eingebung, der Intuition, des Loslassens dem Vertrauen auf den Instinkt am nächsten.

Zwölf Begriffe für „instinktives Vertrauen“:

1. Freude
2. Frieden
3. Dank
4. Segen
5. Glaube
6. Bereitschaft
7. Wunsch
8. Wille
9. Wahrnehmung
10. Hingabe
11. Handeln
12. Führung

Vertrauen ist: sich der eigenen inneren Führung anheim zu geben.
Bereit sein, innere Führung anzunehmen.
Dem Instinkt folgen.

Dem träumenden Delfin wird gesagt:

Die meisten von uns sind nicht in der Lage,
über ihre Misserfolge hinwegzukommen;
deshalb gelingt es uns auch nicht,
unsere Bestimmung zu erfüllen.
Es ist viel leichter, für etwas einzutreten,
das kein Risiko birgt.

Neue Welten zu entdecken, wird dir nicht nur
Glück und Erkenntnis,
sondern auch Angst und Kummer bringen.
Wie willst du das Glück wertschätzen,
wenn du nicht weißt, was Kummer ist?
Wie willst du Erkenntnis gewinnen,
wenn du dich deinen Ängsten nicht stellst?

Letztlich liegt die große Herausforderung des Lebens darin,
die Grenzen in dir selbst zu überwinden,
und so weit zu gehen,
wie du es dir niemals hättest träumen lassen.
Es gibt Dinge, die du mit den Augen nicht sehen kannst.
Du musst sie mit dem Herzen sehen,
und das ist das Schwierige daran.
Wenn du z.B. in dein Inneres blickst und spürst,
dass dort, in dem nicht mehr ganz jungen Körper,
ein junges Herz schlägt,
dann werdet ihr beide mit deinen Erinnerungen
und seinen Träumen losziehen
und einen Weg durch jenes Abenteuer,
das man Leben nennt, suchen.
Stets bestrebt, das Beste daraus zu machen,
und dein Herz wird niemals müde werden, oder alt …

… so viel aus dem Delfinleben, das wunderbare Parallelen zu uns Menschen zulässt!

Glauben Sie an Wunder und an Zufälle?

Viele Wunder lassen sich geschichtlich belegen, aber hat nicht jeder schon mal eines im eigenen persönlichen Umfeld erlebt?
Die kleinen Wunder, die uns in Erstaunen versetzen – die uns staunen lassen wie die Kinder.
Die Geburt eines Kindes ist ein Wunder: natürlicher Lebensvorgang zum einen, wundervolles Erscheinen zum anderen.
Leben und Tod sind in ihrer Dynamik Wunder.
Die Zusammenhänge, unter denen sich Menschen begegnen und Verbindungen und Partnerschaften eingehen.
Liebe in ihren vielen Facetten zu entdecken, wahrzunehmen und zu leben – ist wunderbar.

An welche wunderbaren Ereignisse in Ihrem Leben erinnern Sie sich?

1 ....

....

2 ....

....

3 ....

....

4 ....

....

5 ....

....

6 ....

....

Und die Zufälle, sind sie wirklich so zufällig…?

Forschen Sie mal nach bei sich!

Und wenn Sie Lust haben, machen sie sich ihr eigenes Quiz damit.

Es wird Ihnen keine Tausender in harter Münze einbringen, wie im Fernsehen – aber im „Nahsehen", im „in sich Hineinsehen" – vielleicht ein erstauntes „Guck mal an, das hätte ich nicht gedacht", oder ein „Das kann doch wohl nicht wahr sein", oder ein „Ist es denn zu fassen?"

Fangen Sie ihr eigenes Kreativ-Quiz so an:
Nehmen Sie Papier und Stift.

Schreiben Sie alle zufälligen, denkwürdigen Ereignisse unter jeweils einem Schlagwort oder einer Überschrift untereinander auf:

1 ……………………………………………………………

2 ……………………………………………………………

3 ……………………………………………………………

4 ……………………………………………………………

5 ……………………………………………………………

Jetzt ordnen Sie ihre Schlagworte und Überschriften nach Bedeutung neu durch.

Anschließend können Sie Stichworte zu den einzelnen Nummern machen und sie den mit den Ereignissen verknüpften Personen zuschreiben.

1 ……………………………………………………………

2 ……………………………………………………………

3 ....

4 ....

5 ....

Wie sind Ihre Beziehungen zu diesen Personen?

Was „verbindet" Sie mit den einen – was „zieht" Sie zu den anderen?

1 ....

2 ....

3 ....

4 ....

5 ....

Mit dieser Auswahl an Punkten treffen Sie eine Auslese an Themen, die für Sie eine besondere Bedeutung haben.

Wenn Sie Spaß am Schreiben haben, setzen sie die Stichworte in eine Geschichte um – eine ganz eigene Geschichte.

Und diejenigen unter Ihnen, die unentschlossen sind, weil sie meinen, dass sie kein Talent zum Schreiben haben, können sich zum Anfangen verhelfen, indem sie sich vorstellen, ein Märchen aus einem ihrer Punkte zu machen:

„Es war einmal …", einfach um anzufangen
und – bitte – den „Zensor" in sich ausschalten.

Denn hier geht es nicht so sehr um eine fließende Form, einen guten Stil, sondern darum loszulegen, anzufangen, etwas aus sich herauszuholen, sich etwas von der Seele zu schreiben und damit auf dem Papier abzulegen.

„Es" so sichtbar werden zu lassen, weil es Berechtigung hat, von Ihnen angesehen zu werden.

Um es besser betrachten zu können,
um es wahrnehmen zu können,
um zu sehen, wie viel davon als wichtig
und wahr behalten werden soll,
und was wirklich der Kern und der Sinn der Handlung ist oder war.

Schreiben Sie die Handlung, das Ereignis, die Tat auf und entscheiden Sie, was damit ist.

Trauen Sie sich!

Ich stelle Ihnen einen Schutzengel neben den Text,

und vielleicht ein Geschenk mit dem Zufall:

Der Zufall ist das, was uns zufällt.

„Zufälle" sind immer Geschenke!

Ihre Geschichte:

....

....

....

....

....

....

....

....

....

....

....

....

....

....

....

....

....

....

....

....

....

....

....

....

....

Vielleicht haben Ihre Gedanken und Geschichten neben wundervollen Ereignissen auch traurige Begebenheiten gestreift.

Darum erinnere ich jetzt an Schutzengel!

Nathanael sagt dazu:

„Siehe,
Dein Schutzengel ist immer bei Dir, er ist immer um Dich.
Er geht „Deinen Weg“ mit Dir, weil er den Auftrag hat, Dich zu beschützen, Dich zu begleiten und Dich anzuleiten.“

Warum bemerken wir sie nicht, die Anwesenheit unseres Schutzengels?

Weil wir uns oft so sehr in der Vorstellung des Alleinseins und der Abtrennung verfangen haben, dass unser Blick begrenzt ist!!

Jeder von uns kann seinen Schutzengel aber bitten, dass er sich ihm bemerkbar macht.
Wer ehrlich bittet, dem wird Hilfe gewährt werden.
Das geschieht vielleicht nicht immer in der Art und Weise, wie wir uns dies persönlich vorstellen, denn die Wege des Geistes der Liebe sind sehr viel weiter und unbegrenzter, als unsere Vorstellungen es sich ausmalen können.

Aber probieren Sie es doch einfach einmal aus,
eine Einladung an Ihren Schutzengel auszusprechen,
und warten Sie ab, was geschieht!

Sie können Ihren Tag mit der Bitte beginnen,
dass Sie bewusst von ihrem Schutzengel durch den Tag geführt werden möchten!

Sie haben das Recht dazu!

Sie ermöglichen auf diese Weise auch Ihrem Schutzengel eine Weiterentwicklung – durch Ihre Bitte um Hilfe.

Und wie erkenne ich die Stimme meines Engels,
die Stimme der Intuition,
werden Sie fragen?

Durch geduldiges „in sich Hineinhören“!
Indem Sie das „in sich Hineinhören“ praktizieren!
„Es“ einfach tun!
So, wie wir am Anfang des Buches damit begonnen haben, es wahrzunehmen – so tun wir es jetzt einfach!

Indem Sie bewusst „atmen“ lernen.

Sie atmen doch immerzu, sagen Sie?
Und kräftig durchatmen tun Sie auch, besonders, wenn Sie so richtig tief in der Arbeit stecken oder mittendrin in Auseinandersetzungen in der Beziehungskiste.

Dann halten Sie doch mal die Luft an!
So lange Sie können!

Und wenn Sie nicht mehr können –
wenn Sie die Luft nicht mehr länger anhalten können –,
dann verschafft sie sich ein Ventil, und zischend nimmt sie ihren Weg,
und dann – dann strömt die Luft wieder in Sie hinein,
– ob sie „es“ wollen oder nicht –
denn Sie können gar nicht anders – als atmen!

Sie werden geradezu beatmet.

„Es“ beatmet Sie!
„Es“ atmet mich!
„Es“ atmet alle!

Der Atem ist unser Leben!

Atmen beim Meditieren heißt:
Alle Aufmerksamkeit auf den Atem legen
und fühlen, was passiert.

Und es wird etwas passieren bei Ihnen!

Wenn Sie sich das Wort „passieren“ in seiner Bedeutung durch den Kopf gehen lassen, denken Sie sicher auch an ein „Passieren an der Grenze von einem Land zum anderen“, egal ob mit Auto oder ohne, denken an den Passierschein.

Der Übergang ist grenzüberschreitend!

Wenn Sie bewusst atmen lernen, wird es bei Ihnen innere Grenzüberschreitungen geben, Blockaden können sich lösen.

Und die inneren Grenzüberschreitungen werden sich mit Sicherheit auch nach außen mitteilen!

Yoga wäre ein Anfang.
Autogenes Training und viele andere Entspannungsübungen führen zum Atem.

Übung ist notwendig, um die leise Stimme der Intuition erkennen zu lernen – und darüber den selbstbewussten Anschluss zu knüpfen. Den Anschluss, die Intuition Bestandteil des Lebens werden zu lassen.

Die Stimme der Intuition ist fein, leise und liebevoll.

Üben Sie immer wieder diese Stimme zu erkennen –
und sie bei sich zu halten.

Und verwechseln Sie sie bloß nicht mit der wesentlich lauteren und autoritäreren Stimme Ihres Egos und Ihres „Zensors“!

Der Zensor kommt aus Ihrem Ego und zensiert sehr selbstsüchtig die Resultate Ihres Tuns. Da er aus unserem Willen und Wollen kommt – kopfgesteuert ist – kennt er nur die Summe der „alten Muster“. Er kann auch nur aus dem Schatz der „bekannten Muster“ in die Zukunft projizieren. Er kennt nicht den übergeordneten Plan, nicht das komplette Muster des Lebensteppichs der betreffenden Person.

Die Intuition hat Verbindung zu dem übergeordneten Plan und damit auch zu dem Webstuhl und dem Weber.
Die Intuition ist gefühlsgesteuert und sitzt dicht am Herzen.
Nur wenn sich der Zensor und das Herz zusammentun und sich von der Intuition inspirieren lassen, gibt es ein stimmiges Programm.

Atmen Sie bewusst, - kommen Sie ins Gleichgewicht,
üben und praktizieren Sie – um dann die Sicherheit zu erleben,
dass Sie auf dem Weg sind,
dass der Erfolg sich zusammen mit dem Herzen, dem Verstand und der Intuition einstellt.
Und vielleicht
sind Sie ja auch schon dabei, mit dem Engel oder den Schutzengeln Kontakt aufzunehmen,
wer weiß?

Bestärkung:
Ich bin bereit,
meine Schutzengel zu erkennen und ihre Hilfe anzunehmen!
Ich danke für ihre Hilfe

Carpe diem, nütze und lebe den Tag!

Atmen – beatmet werden – vom Atem getragen sein.

Vertrauen haben in den Atem, er ist die Grundregung des Lebens.
Fühlen, wie die tiefen Atemzüge der Seele Flügel verleihen.
Sich von den Flügeln tragen lassen:
Bereit sein, Lebenswillen und Lebensmut zu leben,
und somit bereit sein, sein eigenes individuelles Leben zu leben.

In Stresssituationen sich nur auf den Atem konzentrieren,
tief ein- und ausatmen – und sich bewusst machen,
dass der Atem unser Leben ist.

Seele

Einst überlegten die Götter, wo sie das Kostbarste des Menschen, seinen größten Schatz – seine Seele – verstecken könnten, um ihr den besten Schutz zu geben.
Auf dem Grunde des Meeres, schlug einer aus der Runde vor.
In den höchsten Höhen der Gebirge, ein anderer.
In den Tiefen des Urwaldes, fand ein dritter.
In den Schluchten und Höhlen der bewohnten Berge, ein vierter.
Weitere Vorschläge wurden gemacht und geprüft
und noch nicht für die Lösung befunden.
In den Menschen selber, rief plötzlich jemand aus,
die Seele sollte in jedes Wesen hineingelegt werden,
als Schatz, in dem Schutz des menschlichen Körpers,
und geschützt durch den betreffenden Menschen selber.
Auf dass sie sich von dort aus bemerkbar machen könne –
um sich von dort auszustrahlen!

Eine weitere Hilfe ist die Meditation.

Eine geführte Meditation ist eine Visualisierung.
Meditationen führen in die innere Ruhe, in die Lautlosigkeit und Stille.
Die Ruhe führt zu einer Entgrenzung des Willens.
Ein spezieller Kontakt entsteht in der Entgrenzung.
Der Kontakt ist ein Zustand der Einheit.
Es ist der innigste Kontakt mit der Einheit.
Darum können wir, wenn wir meditieren, nicht mit anderen Menschen kommunizieren.

Meditation bedeutet erhöhte Aufmerksamkeit und Wachsamkeit.
Sie ist ein Zustand der Entspannung, der nicht in den Schlaf führt.

In der Meditation werden alle Gedanken an irgendwelche Probleme abgelegt.

Sie führt zu einer verschärften Bewusstheit:
der Bewusstheit der Wirklichkeit.

Meditation ist ein vollkommener Zustand:
Sie sind ganz bei sich – und trotzdem Teil des Alltags.

Meditation führt in einen Zustand, bleibt keine Übung.
Wenn Sie „dort“ sind, sind Sie in keiner Weise „diszipliniert“!

Wir dürfen in der Meditation nicht „erreichen wollen“, sondern nur dort „sein“.

Meditation ist ein natürlicher Impuls von Losgelöstheit!

Keine Flucht oder Rückzug in die „eigene Welt“ ist angesagt, sondern das Besinnen auf das, was Sache ist:
„Ich stehe mir gegenüber“!

Affirmation:
Ich bin Einheit.
Ich bin alles, was ich bin.

Wo Sie jetzt so wundervoll entspannt sind, lade ich Sie ein zu einem Bummel über einen Obst- und Gemüsemarkt an der afrikanischen Westküste:

Obst und Gemüse für Schulgeld

Wie wunderschön afrikanische Märkte anzusehen sind in der Vielfalt der angebotenen Waren und der Vielfarbigkeit der Gewänder und der Menschen, haben viele von Ihnen sicher schon mal erfahren oder im Film oder Fernsehen gesehen.

Wir lebten an der Westküste, in Cotonou/Benin. Mein Mann arbeitete im biologischen Pflanzenschutz, der Kern der Arbeit war: Schädlinge mit Nützlingen zu bekämpfen und damit Ernten und Ernährung in Afrika zu verbessern.

Unsere Kinder waren zu der Zeit elf und vierzehn Jahre jung. Ich ging jeden zweiten Tag auf einen kleinen Markt in der Nähe unseres Hauses, um frisches Gemüse und Obst einzukaufen. Anfänglich kaufte ich mal hier, mal da – je nachdem, wie das Gemüse lockte, was das Auge anzog, und weil ich mein Geld ein bisschen „umzuverteilen“ versuchte.

Es gibt unzählige Märkte in Cotonou. Schon beim Ankommen auf dem Markt versucht jede Marktfrau lautstark auf sich aufmerksam zu machen, indem sie winkt, „Bonjour Madame, guten Tag“, ruft und mit ausladenden Gesten und blitzenden Zähnen auf ihre Ware aufmerksam macht. Beim Ankommen mit dem Auto ist das Fahrzeug sofort von einer Horde Kindern umringt, die „Cadeau, cadeau!“, rufen, was Geschenk bedeutet und die Bitte um eine kleine Münze beinhaltet.

Wenn ich bei einer anderen Händlerin kaufte als das Mal zuvor, zeigte sich letztere leicht beleidigt und fragte, ob mir ihre Ware nicht gefallen hätte, dass ich nun bei einer anderen kaufte! Ich erklärte, warum ich von Stand zu Stand zog, was mich für dieses Mal mit Ruhe beim Einkaufen entlohnte, doch schon beim Verstauen der Naturalien im Auto wurde mir von verschiedenen Seiten zugerufen: „Nächstes Mal bin ich aber dran“, – „Nein ich“, – „Nein ich…!“

Also gut, nächstes Mal ist erst übermorgen, dann sehen wir weiter, dachte ich. Und schnell war übermorgen heute!

Marktgang! So viele Kinder um mich herum, so viele Mädchen im schulpflichtigen Alter, und Jungs und jede Menge Kleinkinder und Babys auf dem Rücken ihrer Mutter. „Wieso sind denn die großen Kinder nicht in der Schule?“, fragte ich die ersten beiden Marktfrauen, auf die Gruppe an meiner Seite deutend.

Die beiden wollten sich schier wegwerfen vor Lachen und weitere Kolleginnen stimmten mit ein, bis sie mir einstimmig erklärten: „Kein Geld, Madame.“

Schule und Kindergarten kosten Schulgeld, Schuluniform und Material. Höchstens für ein Kind ist das manchmal möglich (bei durchschnittlich sechs bis zehn Kindern), meistens aber reicht der Verdienst gerade um die Großfamilie zu ernähren. Und dann arbeiten die Kinder auf den Feldern mit. In diesen Dimensionen wird auch nicht von „Geld verdienen“ gesprochen, sondern von „essen“.

Ich will essen.
Meine Familie soll zu essen haben.
Essen ist Überleben, ist existenziell.
Unser Begriff von Schulpflicht tanzte mir durch den Kopf.

Und wie gerne hier in Afrika Kinder zur Schule gehen würden! Verdrehte Welt!

Nach einigen Wochen hatte ich einen Plan. An diesem Plan wollten sich meine Freundinnen beteiligen, d.h. sie und ich waren jeder ein eigener Teil des Planes.

Ich wusste, dass ich jede Woche für einen bestimmten, für afrikanische Verhältnisse ganz ansehnlichen Betrag Obst und Gemüse einkaufte. Das machte im Monat einen afrikanischen Mindestlohn aus. Die Beträge waren bei meinen Freundinnen ähnlich. Wenn jetzt jede von uns – regelmäßig jeden Monat – bei einer bestimmten Marktfrau einkaufen würde, würde ihr, der Marktfrau, „das" eine bestimmte Summe Geldes einbringen, auf die sie zählen konnte. Eine Summe, von der das Schulgeld leicht bezahlt werden könnte, und die sogar noch etwas übrig bleiben ließ.

Die Schuluniformen und das Schulmaterial wollten wir auf eigene Kosten übernehmen, sozusagen als Garantie für schönstes Obst und Gemüse!

Und er hat sich gelohnt, unser Plan!

Es musste manchmal rückerinnert werden, wie die Abmachung war, und es gab ein paar Abweichungen. Es gab zuweilen auch Diskussionen, und sogar den Punkt, an dem ich die bestehenden Abkommen am liebsten gelöst hätte, der war nämlich erreicht, als uns viele wildfremde Leute zu Hause aufsuchten, weil sie auch den Schulbesuch ihrer Kinder finanziert bekommen wollten. Die gehört hatten von dem Marktmodell – und es war hart für mich und die anderen, eine Grenze zu ziehen!

Dennoch hat der Markt-Plan funktioniert! Mindestens sechs bis acht beninische Kinder sind ein paar Jahre lang mit unserer Unterstützung zur Schule gegangen – und wir waren 9 Jahre in Benin!

Es wurde auf dem Markt etwas in Bewegung gesetzt, was gute Früchte getragen hat!

6) Wer ist dafür verantwortlich, wenn es meinen Vorstellungen nicht entspricht?

Der Lebensteppich, dessen übergeordnetes Muster ich nicht kenne.

Ich webe und ich lebe, und zwar soweit es geht, nach meinen Wünschen und Vorstellungen. Aber es kann sein, dass „es“ auf einmal, ganz plötzlich, nicht mehr so läuft mit meinen Wünschen und nach meinen Vorstellungen.

Musterwechsel ist angesagt!

Und vielleicht soll ich ein Muster lernen, das ich noch gar nicht kenne. Eines, das sich sehr mühsam lernt!

Sagen Sie jetzt nicht entmutigt:
Na, dann kann ich ja meine ganzen Bemühungen sein lassen!

Lassen Sie die Mühen
und tun Sie dafür alles, was Sie tun, mit mehr Freude.

Lachen Sie dem Leben ins Gesicht (auch wenn Sie sich dazu überwinden müssen) – und sagen Sie jetzt erst recht:
Ich bin bereit, meine Herausforderungen anzunehmen.

Ich weiß, so etwas sagt sich leichter, als das man anfängt damit. Trotzdem – überlisten Sie Ihr Ego mit einem Lächeln, denn mit dem Lächeln tun Sie Ihrem Körper und ihrer Seele etwas Gutes.

Ergehen Sie sich nicht in Selbstvorwürfen, sondern nutzen Sie die Energie:
den Druck und Dampf, in dem Sie sich befinden,
um Klärung zu finden,
um die Enttäuschung zu enttarnen,
um die Täuschung in der Enttäuschung zu erkennen
und die Täuschung zu enttarnen,
um die Traurigkeit zu überwinden.

Sie können sich mit Ihrer Intuition zusammentun und sagen:
„Ich bitte darum, das Richtige erkennen zu dürfen.
Führt mich heraus aus meinem Frust.“

Das wiederholte Aussprechen oder Denken von Affirmationen, positive Gedanken denken.

Helle Dinge zu denken, zieht helle Dinge an.

„Von ganzem Herzen wünschen."

In diesem Praktizieren sind wieder die Kinder den Erwachsenen um Längen voraus, weil sie mit ihrer ganzen Intensität, mit ihrer ganzen Person – mit ihrer Ehrlichkeit und ihrem Glauben an ihre Wünsche – diese immer wieder bekräftigen und erneuern.

Sie affirmieren unbewusst und spielerisch, und sie tun das oft. Sie sind es, die mühelos im Spiel mit aller Authentizität in die Rollen verschiedener Figuren wechseln, sich in sie hineinversetzen, für Momente die andere Persönlichkeit sind.

Sie sind die Ehrlichkeit, der Glaube, die Bereitschaft, die Aufmerksamkeit, der Wunsch und der Wille, das Vertrauen und die Liebe.

Einen Segen allen Kindern dieser Welt.

Affirmation:
Ich finde meinen eigenen Weg!
Ich bin Leben
Ich bin Liebe
Ich bin Freude
Ich bin Musik
Ich bin Farben
Ich bin Licht
Ich bin ....

....

....

....

....

....

....

Wir fühlen uns beleidigt und gekränkt, wenn wir nicht nach unseren ganz eigenen Vorstellungen behandelt werden.

Alle Beleidigungen, Kränkungen, Vorhaltungen haben ihre Wurzeln in der Vergangenheit, sind alte, erprobte Muster.

Das Leben aber ist jetzt. Und es geht vorwärts, nicht zurück!

Jetzt findet alles statt.

Jetzt ist die Zeit des Neuanfangs und der Herausforderung.

Der Kern und der Inhalt aus dem Jetzt heraus ist:
neue „zeitgemäße“ Entscheidungen zu treffen!
Denn die Entscheidungen und Erfahrungswerte mit 15 Jahren sind andere als mit 30, 40 oder 50 usw. Jahren.

Darum neue Wege gehen.
Die Herausforderung dazu annehmen.

Sich selbst vertrauen:
und einen eigenen Weg einschlagen.

„Dieser Weg wird kein leichter sein“,
begleitet Sie Xavier Naidoo musikalisch, damit Sie bei Schwierigkeiten durchhalten und nicht gleich aufgeben, wenn's steinig wird.
Vor allem, wenn Sie wissen, dass Sie es sich so ausgesucht haben,
weil Sie wissen, wofür Sie's tun.

Für sich selbst, und um Ihr Ziel zu erreichen.

So, wie Erich Fried es in seinem Gedicht „Dich dich sein lassen“[9] ausdrückt:

„Dich
Dich sein lassen
Ganz dich …

Sehen
Dass du nur du bist
Wenn du alles bist …

Wer nur die Hälfte liebt
Der liebt dich nicht halb
Sondern gar nicht …“

Und weil „**Der Laden Gottes**“[10] so schön ist,
von einem unbekannten Dichter als Geschenk für uns verfasst,
bekommen Sie ihn gleich in doppelter Variante:
In Englisch und Deutsch zu lesen.

One night I had dreamed,
I entered a shop.
An angel was standing behind the counter.
I asked him: What do you sell?
The angel answered kindly:
Whatever you want.
So I started:
I want 10 parents,
Who love to look after their children,
Who have patience,
Who like to spend more time with them.
And who do not have disputes
In front of their children.
Moreover, I need
The abolation of any kind of force
Against children, – more solidarity
And more love, never-ending love…
The angel cut me short:
I'm sorry Sir, there might be a mistaking.
I don't sell fruits
I sell only seeds.

Der Laden Gottes

Ich trat ein und sah einen Engel hinter dem Verkaufstresen. Verwundert und überrascht sagte ich: „Heiliger Engel des Herrn, was verkaufst du?“ – „Das sind alles Gaben Gottes“, antwortete er mir. – „Sind sie teuer?“ – „Nein, alles ist kostenlos. Wichtige Sachen bekommt man oft umsonst.“

Ich sah mich aufmerksam im Laden um. Es gab Krüge voll Glück, Päckchen mit Hoffnung, Körbe, die mit Zufriedenheit überquollen, Schachteln gefüllt mit Hinweisen und Weisheiten, Tüten mit Vertrauen. Mut fassend bat ich: „Ach, bitte, ich möchte gerne ein Glas Glauben, viel Glück und Frieden für mich und meine Familie, meine Nachbarn und Freunde. Reichlich Dankbarkeit auch, Vergebung und eine große Liebe zu allen.“ Eilfertig bereitete mir der Engel des Herrn eine kleine Packung, die leicht in meiner Hand Platz hatte.

Überrascht sagte ich: „Hast du alles, um das ich bat, in dieses winzige Päckchen getan?“ Lächelnd antwortete der Engel: „Mein lieber Mensch, im Laden Gottes verkaufen wir keine Früchte, es gibt nur Samen. Gott legt sie dir in die Hand und nicht in den Schoß.“

Um neue Saat aufgehen zu lassen, ist es wichtig die Grundlagen und den Boden zu bereiten!

„Altlasten“ und „Loslassen“ sind ein Thema!

Alle ausgesprochenen und unausgesprochenen Konflikte, die zwischen unseren Eltern und uns nicht gelöst wurden, leben in uns weiter. Unser Verstand und Gefühl gehen miteinander auf die Weise um, wie auch unsere Eltern miteinander umgegangen sind. Unsere Gefühle, unsere Intuition und unser Verstand zeigen uns ganz besonders auch die unausgesprochenen Wahrheiten unserer Eltern und Ahnen, die im Außen von ihnen geheim gehalten worden sind.

Diese Wahrheit soll jetzt wirklich nicht zu einem wütenden Schlagabtausch zwischen Ihnen und Ihren Eltern dienen.

Im Gegenteil!

Es soll helfen, das Ganze und das Einzelne besser zu verstehen.
Ein bisschen mehr Licht in die dunklen Versenkungen zu bringen.

Wahrnehmen –
welche Wahrnehmung hat manches Geschehen heute für Sie?
Erkennen –
was früher noch nicht erkannt werden konnte!

Wo sind die „Sperren“ der Eltern, was ist ihnen von den eigenen Eltern – Ihren Großeltern – so anerzogen worden, dass sie, die Eltern, „es“, nicht leben konnten.
Und so geht die Kette weiter von den Großeltern zu den Urgroßeltern, zu den Ururgroßeltern zu … – auf einmal bekom-

men wir eine Ahnung davon, wie wir mit unseren Vorfahren verknüpft sind!!

In dem Wort Verbindung steckt: verbinden. – Binden, verbinden, verknüpfen, anbinden, entbinden, festbinden.

Erkennen – und verstehen, was sich verstehen lässt!

Vielleicht aufräumen!

Aussortieren!

Wenn es geht.
Und es geht immer etwas!

Wir fangen gemeinsam an!

Was schleppe ich an Altlasten – an Erlebnissen, die kein so gutes Gefühl bei mir hinterlassen – mit mir herum?

Schreiben Sie nur das auf, was Sie benennen mögen.

1 ....

....

2 ....

....

3 ....

....

4 ....

....

5 ....

....

Wenn Sie sich ihre Liste mit den unliebsamen Erinnerungen ansehen, gibt es ein oder vielleicht zwei Erlebnisse darin, die sich überlebt haben? Über deren Begebenheit Sie keinen Schmerz und keine Wut mehr empfinden – wohl wissend, dass es einmal so war – aber was seine Spitze, seine Verletzung im Laufe der vergangenen Zeit verloren hat?

Worüber Sie eigentlich jetzt eher lachen möchten?

Dann lachen Sie!

Lachen Sie von Herzen
und lachen Sie's sich vom Herzen!

Lachen ist die beste Art, sich von etwas zu befreien und zu verabschieden.

Schreiben Sie die Punkte hierhin:

(und lachen Sie ruhig weiter dabei …)

1 ....

2 ....

3 ....

4 ....

5 ....

6 ....

Sie werden sich freier und erleichtert fühlen nach diesem Aufschreiben, und eine bessere Verpackung als Humor für Altlasten gibt es gar nicht.

Die Verabschiedung von alten Themen und alten Vorstellungen soll ganz bewusst geschehen!

Nehmen Sie jetzt bewusst Abschied von Ihren zu verabschiedenden Punkten, und streichen Sie sie Punkt für Punkt mit einem dicken Farbstift auf Ihrer Liste aus – am besten so, dass sie danach gar nicht mehr zu lesen sind!

Sie können auch einen Extra-Zettel nehmen, die zu verabschiedenden Punkte aufschreiben und den Zettel verbrennen oder als „überholt" in den Müll bringen.

Sehen Sie die Traurigkeit, die die Angelegenheit auslöste …

Sehen Sie aber auch die Auflösung: die Entwirrung, die Erfahrung und letztlich die Heiterkeit, die dasselbe Erlebnis in Ihnen hervorruft. Der Erfahrungswert ist damit in Ihre Persönlichkeit integriert – und so kommt es, dass ungeliebte Erlebnisse zu Geschenken werden.

Das Erlebnis können Sie jetzt bewusst verabschieden, um dann auch nicht mehr daran zu denken.

Um mehr Raum zu haben für Neues.

Packen Sie das Erlebnis in ein Papier aus Humor,
bedanken Sie sich für die Erfahrung, die es gebracht hat
und legen Sie es lächelnd in den Müll, oder in einen Papierkorb in einem Park!

Deckel drauf,
tief durchgeatmet –
ein bisschen Freiraum mehr in Ihrem Innern!

Die verbleibenden Punkte auf Ihrer Liste haben da ihre Berechtigung und wollen von Zeit zu Zeit von Ihnen angesehen werden.

Das, was gerade „dran" ist, teilt sich Ihnen mühelos mit – indem es in Ihren Blickwinkel kommt. Ob Sie wollen, oder nicht!

Sie selbst bestimmen, wann Sie sich welchen Punkt aus der heutigen Perspektive ansehen.

Da, wo noch Wut ist,
sprechen Sie das Wort Wut aus – wieder und wieder, bis Sie erleichtert sind:

Wut, Wut, Wut, Wut, Wut, Wut, Wut, Wut, Wut, …

Danach segnen Sie Ihre Wut ab,
denn dann übernimmt der Segen die Führung – habe ich gelernt!

Denken Sie dabei an die Entdeckung von Nelson Mandela über Angst und Licht.

Er schrieb diese Gedanken über „unsere tiefste Angst" auf, als er selber im Gefängnis saß!

Unsere tiefste Angst

„Unsere tiefste Angst ist nicht, dass wir unzulänglich sind.
Unsere tiefste Angst ist, dass wir grenzenlose Macht in uns haben.
Es ist unser Licht, nicht unsere Dunkelheit,
wovor wir uns am meisten fürchten.
Wer bin ich schon – fragen wir uns,
dass ich schön, talentiert und fabelhaft sein soll?
Aber, ich frage dich, mein Kind: Wer bist du,
„es" nicht zu sein?"[11]

„Und mein Geschenk?"

Zurückgekommen nach Kamerun aus dem Heimaturlaub: von dem einen Zuhause in Deutschland ins andere nach Afrika – „nach Hause kommen", in ein kleines, wohltemperiertes Haus auf den Felsen, inmitten eines mittlerweile buschigen, blumigen Urwaldes im Garten.

Die „ich weiß nicht mehr, wie viele" Fuhren und Säcke guter Erde von den Gärtnern und Pferdemist aus dem Reitclub, die ich im Vorjahr eingefahren und mit Mamams und Davids Hilfe im Garten verteilt hatte, nach dem Motto: Du erntest, was du auf welchem Boden säest, haben für eine wahre Explosion an Wachstum gesorgt!

Alle Pflanzen wucherten, wohin sie konnten, das Gewächshausklima tat das seine, daher gehörten meine ersten Wochen der Gartenarbeit. Die lila Pflanzen, die schönen Belles de jour, sind inzwischen die Mauern auf der einen Seite hochgekrabbelt, weiter in die umliegenden Bäume gerankt, bevor sie den Abstieg auf der anderen Seite der Mauer begonnen und die Dornröschenhecke dicht gemacht haben, die ich mir anfangs gewünscht hatte. Auch müssen wir jetzt als Beschreibung unseres Hauses nicht mehr sagen „gelbes Tor“, sondern „lila Blüten“.

Ich band herrliche blaue Königswinden über Mauern und Pfeiler und amüsierte mich über David, der mir „vertraulich“ erzählte, dass der „Patron“ während meiner Abwesenheit bei seinen täglichen Gartengängen immer gesagt hätte, der Garten und alle Pflanzungen müssten gut gepflegt werden, damit nichts einginge und vertrocknete, weil „Madame“ doch Freude an den Blumen haben solle, wenn sie zurückkäme!!

Mamam, der Wächter mit den treffenden Sprüchen, verblüffte uns einmal mehr mit seinem umfassenden Wissen, das er zum großen Teil aus seinem kleinen Transistorradio bezog. So bemerkte er, er hätte die Nachrichten über die Überschwemmungen in Deutschland verfolgt und zu seinem guten Gott gebetet, dass wir uns nicht in selbiger Region aufhielten oder sonst wie zu Schaden gekommen wären! Wir waren gerührt! Mit so guten Willkommensparolen bedacht, konnte ich gut zur Tagesordnung übergehen.

Das letzte Jahr eines Auslandsaufenthalts hat eine andere Dynamik, als das erste – und wir befanden uns im letzten Jahr unserer Zeit in Kamerun. Wir wollten nicht unter der Prämisse „lohnt sich dies und jenes denn noch für nur ein Jahr?“, einen Stillstand zustande kommen lassen. Die Kreativität sollte bestehen bleiben, soweit es möglich war, das schließt den Abbau und das „lahm Werden“ aus.

Apropos Abbau: Zwei Händler aus dem Kunsthandwerksmarkt, die mir schon einige afrikanische Masken und Statuen verkauft hatten, reagierten sehr eigen, als ich sagte, ich könne jetzt nicht mehr so kaufen wie am Anfang – aus Gründen des Platzes, Transports, etc.! Sie blickten mich ernst an und fragten: „C'est comme ça maintenant avec nous, Madame?“ Was soviel heißt wie: „So steht es jetzt also zwischen uns, Madame? Du kündigst uns die Freundschaft auf?“ – (Unsere Freundschaft bestand weiterhin!!)

Für „Ausländer wie uns“ ist die Rückkehr aus den Ferien nach Afrika mit einem gewissen „Weihnachtsmanneffekt“ verbunden. Natürlich bekommen die Angestellten und Freunde etwas mitgebracht, teilweise werden gezielte Wünsche erfüllt. Die

Freude an der Freude ist groß – genauso der jährlich wiederkehrende Schrecken, wenn auf einmal Timothey und Jean, Christophe, Barnaby und Rigobert, Boney, Amadou, Aimé und wie sie sonst noch alle heißen – Angestellte aus den umliegenden Häusern – oder Fischhändler, Metzger, Müllmann, nacheinander an der Tür klingeln, „Herzlich willkommen“ wünschen und nach „ihrem Mitbringsel“ fragen!

„Et mon cadeau, Madame“, tönt es auch im Supermarkt und an der Tankstelle, „Ma contribution – die kleine Aufmerksamkeit für mich?“

Das „Zauberwort“ in diesem Falle ist die „Familie“. Wenn ich erkläre, dass wir natürlich nicht für alle Leute Geschenke mitbringen können, aber von der Heimat, der Familie, den Kindern, den Freunden erzählen, die wir gesehen haben, leuchten die Augen in Verbundenheit, denn dieses Thema berührt jeden, und die Hände schließen sich zu einem Abschiedshändedruck: „C’est bien ça, c’est bon – alles ist gut!“

Im September ist Schuljahresanfang an allen Schulen, gleich welcher Nationalität.

Unsere Wächter haben zusammen neun Kinder, die in die Schule gehen, und wie es vorgeschrieben ist, müssen für jedes Kind zwei Schuluniformen und Hefte, Bücher und Stifte gekauft werden. Das fällt vom Monatsgehalt nicht ab, also muss der „Patron“ es vorschießen. Weil er das so nett macht – der Grundstein des Wissens soll doch gerade auch in diesen Breiten angestoßen werden – wird er natürlich auch im Projekt „angehauen“ und von seinem Zigarettenverkäufer auf der Straße, von dem Automechaniker und und und – und die „Madame“ wird von der Schneiderin gefragt, und von der Freundin der Bonne, von den Pferdepflegern und von den Kunsthändlern – von den Marktfrauen ganz zu schweigen, denn da fragt die Madame ja immer nach, ob die Kinder denn auch zur Schule gingen!!

Bei uns herrscht Regenzeit. Mindestens alle zwei Tage, wenn nicht jeden, rauschen gewaltige Platzregen vom Himmel, zuweilen begleitet von Gewittern mit Blitz und Donner, was jedes Mal ein Schauspiel am nächtlichen Himmel ist. Dieses bei Dunkelheit zu betrachten, haben wir denn auch jede Zeit – denn nach den ersten Blitzen und Donnergrollen fängt das elektrische Licht im Haus an zu zittern und schwächer zu werden – nicht von Naturgewalt gesteuert – sondern von Menschenhand beim hiesigen E-Werk!

Es bleiben ein paar Momente, um Akku-Lampen, Kerzen und Teelichte in Griffweite zu haben, dann geht das Licht endgültig aus, – vorsorglich –, um den Blitzen keine Chance zu geben, in den maroden Stromleitungen rundherum ein Feuerwerk zu entfachen! Die ächzenden, klagenden Laute des Eisschrankes sind der Schlussakkord in der nun von Kerzen milde beleuchteten Dunkelheit!!

Die Vielfalt der afrikanischen Transportmöglichkeiten ist beeindruckend und zuweilen erheiternd. Die zwei neuen Ponys für den Reitclub reisten aus dem hohen Norden per Eisenbahn an. Aber nicht im Viehtransport – so was gibt es hier nicht, wenn Tiere transportiert werden, dann in Kleinbussen –, nein, sie reisten, wie es sich für gute Passagiere gehört, im Personenwagon, begleitet von ihrem Pfleger und einer Kiste Hirse. Und um nicht aus Versehen ein paar Äppel fallen zu lassen, gab es am Morgen nichts zu fressen.

„Très bien", sei alles gelaufen, meinte der Pfleger – ohne Probleme –, nur die Hähne, die jemand im Zug in einem Korb mit sich geführt hätte, seien pausenlos am Krähen gewesen, da hätten die Ponys manchmal drauf geantwortet!

Die Reise hatte mit der Verspätungszeit neun Sunden gedauert – und ich wäre wohl gerne ein Stückchen mitgefahren!

„Die andere Hälfte" die bessere Hälfte?

Der Volksmund setzt den Begriff „meine bessere Hälfte" oder „meine andere Hälfte" für die Charakterisierung des Partners ein. Das hat seinen Ursprung in der Ideologie, mit dem anderen eine Einheit zu bilden. Was dann ja auch wundervoll durch die Nachkommen bestätigt wird.

Aber noch mehr ist daran, an der anderen Hälfte!

Die eine Hälfte spiegelt die andere –
die andere Hälfte „spiegelt" die eine!

Und zwar in den Eigenschaften, die die eine wie die andere Hälfte gar nicht so toll findet am anderen. Und deshalb „den vorgehaltenen Spiegel" in Form von entsprechenden Reaktionen erst recht nicht, weil meistens die schwierigen Eigenschaften widergespiegelt werden.

Und jetzt geht es hier nicht darum, dass beide Hälften mit ihren Eigenschaften zu einer Einheit verschmelzen,
sondern es geht darum, dass einer dem anderen zu seiner individuellen Vollständigkeit verhilft.

Zu seiner individuellen Einheit.

Und das kann sehr schön mit Farben deutlich gemacht werden.
Und mit Ihrem persönlichem Zeichen: Ihrem Sternzeichen.

Das Sternzeichen des neugeborenen Menschen bestimmt sich aus dem Stand der Sonne am Himmel zum Zeitpunkt der Geburt. Hier gibt es zu den ganzen Sternzeichen, die den so genannten Tierkreis bilden, die schon beschriebene „andere oder bessere Hälfte", nämlich die Ergänzungs-Hälfte,
die andere Hälfte zu der einen.

Es sind die Komplementärzeichen, die die Ergänzungshälfte sind. Sie liegen sich im Tierkreis direkt gegenüber.

Wenn Ihr Zeichen z. B. Löwe ist, dann ist Ihre „bessere Hälfte" das gegenüberliegende Zeichen: Wassermann – und umgekehrt. Die beiden Zeichen sind die beiden Pole einer Achse, die beiden Seiten einer „Wippe".

Das heißt: Für jeden Menschen ist nicht nur das Sternzeichen, in dem er geboren ist, von großer Bedeutung, sondern ganz besonders auch das Sternzeichen, das sein Gegenpol, nämlich sein Komplementärzeichen ist.

Und, was sehr spannend ist, den Zeichen sind Farben zugeschrieben und den Farben wiederum Eigenschaften, was Sie ja am Anfang des Buches bereits gelesen haben!

Sternzeichen und Komplementärzeichen mit ihren Farben[12]:

Widder, rot	hat das Komplementärzeichen ...	Waage, grün/blau
Stier, rot/orange		Skorpion, türkis/blau
Zwillinge, orange		Schütze, blau
Krebs, gelb/orange		Steinbock, blau/violett
Löwe, gelb		Wassermann, violett
Jungfrau, grün		Fische, rot/violett
Waage, grün/blau		Widder, rot
Skorpion, türkis/blau		Stier, rot/orange
Schütze, blau		Zwillinge, orange
Steinbock, blau/violett		Krebs, gelb/orange
Wassermann, violett		Löwe, gelb
Fische, rot/violett		Jungfrau, grün

Wie das Sternzeichen und das Komplementärzeichen als Ganzes zu sehen sind, zeige ich beim Widder mit dem gegenüberliegenden Zeichen der Waage:

Der Widder hat das Komplementärzeichen Waage. Das bedeutet: Der Widder mit seiner leuchtenden roten Farbe und den entsprechenden Energien und Eigenschaften drückt sich auch mit Hilfe der Waage aus – und durch die Farben Grün/Blau sowie durch die entsprechenden grünen und blauen Eigenschaften.

Er, der Widder, braucht die grün/blauen Farben der Waage und ihre Eigenschaften zu seinem Rot, zu seinen Widder-Farben und Aspekten, um sich zu ergänzen – um mit der Waage grün/blau und dem Widder rot ein eigenes Ganzes zu sein. Umgekehrt ist es genauso: Die Waage hat das Komplementärzeichen Widder.

Das bedeutet: Die Waage mit ihren Grün/Blau-Farbtönen und den dem Grün und dem Blau zugeschriebenen Eigenschaften, braucht das energetische, vitalisierende Rot, um im Gleichgewicht und in der Balance zu sein – und um mit dem Waage-Grün und -Blau und dem Widder-Rot ein harmonisches Ganzes zu sein.

Die Farbpalette aus dem 1. Kapitel mit ihren Farbbeschreibungen ist als Schlüssel für die hier aufgeführten Farben zu nehmen. Bei mir persönlich und bei vielen Schülern, die ich begleitet habe, zeigen sich die Farben auf diese Weise: mal mehr in den Farben des Sternzeichens oder aber ganz in den Farben des Komplementärzeichens. Manchmal zeigen sich die Farben der beiden Pole gemeinsam in den Bildern.

Damit Sie sich Ihr Sternzeichen und das gegenüberliegende Komplementärzeichen des Tierkreises vorstellen können, schlage ich Ihnen vor, jetzt einen Kreis zu zeichnen.

Und den Kreis dann in 12 Segmente (Tortenstücke) einzuteilen.

Tragen Sie in jedes der 12 Segmente ein Sternzeichen ein und malen Sie es mit der entsprechenden Farbe aus, aber:
in der richtigen Reihenfolge, wie in der Tabelle –
beim Widder angefangen und bei den Fischen aufgehört.

Die Reihenfolge ist der Schlüssel:

Denn jeweils das gegenüberliegende Teil im Kreis ist das Komplementärzeichen zu dem entsprechenden Sternzeichen. (Die Kontrolle haben Sie in der Tabelle.)
Beginnen Sie mit Ihren Beschriftungen an der Mitte der linken Seite des Kreises mit dem Zeichen Widder.

Die folgende Seite gehört den Sternzeichen und den Farben:

Wenn Sie Ihr Aszendentenzeichen kennen, können Sie auf die gleiche Weise, wie wir die Achse Sternzeichen – Komplementärzeichen betrachtet haben, für sich noch dazu die Achse Sternzeichen – Aszendentenzeichen ansehen.
Beobachten Sie, ob sich die entsprechenden Farben bei Ihnen widerspiegeln.

Aber es wird noch spannender!

Erkennen Sie Ihren eigenen Klang!

„Bevor der Mensch Musik machte, hat die Musik ihn gemacht!" Dieser Ausruf stammt von Pythagoras.

Das bedeutet: Der Mensch kommt durch sein Sternzeichen bedingt auch mit einem Ton – mit einem Grundton – zur Welt!

Jeder Mensch wird mit einem Sternzeichen geboren, weil die Sonne am Tage der Geburt in einem bestimmten Stern-Zeichen und damit in einem bestimmten Zeitraum, dem Geburtsmonat, steht.

Der Mensch kommt mit seinem Sternzeichen und damit auch mit seinem Komplementärzeichen – somit mit 2 Farbstellungen – und dazu sogar noch mit einem Grundton und einem Komplementärton auf die Welt.

Er hat durch das Sternzeichen eine zugeordnete Farbe, und weil das Sternzeichen ein Ergänzungszeichen, das Komplementärzeichen, hat, bringt das noch eine zweite Farbe mit sich – und obendrein bringt der neugeborene Mensch noch seinen Grundton mit auf die Welt und den Ton seines Komplementärzeichens.

In dieser Tabelle sehen Sie, wie sich Farben und Grundtöne den Sternzeichen zuordnen lassen[13]:

Widder	=	Rot	=	Grundton	C
Stier	=	Rot-Orange...	=	.... "	Cis/Des
Zwillinge...	=	Orange..........	=	.... "	D
Krebs	=	Gelb-Orange..........	=	.... "	Dis/Es
Löwe	=	Gelb	=	.... "	E
Jungfrau....	=	Grün	=	.... "	F
Waage........	=	Grün-Blau.....	=	.... "	Fis/Ges
Skorpion...	=	Türkis-Blau...	=	.... "	G
Schütze	=	Blau...............	=	.... "	Gis/As
Steinbock..	=	Blau-Violett...	=	.... "	A
Wassermann	=	Violett...........	=	.... "	Ais/B
Fische........	=	Rot-Violett....	=	.... "	H
Widder	hier beginnt der Zyklus von Neuem				C

Auf diese Weise ist mit allen Sternzeichen eine Oktave mit den möglichen Halbtönen beschrieben!
Sie können nach dieser Tabelle in der Aufstellung Sternzeichen – Komplementärzeichen und ihre Farben – nun auch die entsprechenden Töne einsetzen. Im Licht schwingen alle Farben mit, haben wir am Anfang des Buches festgestellt, und nun kommen Töne und damit Musik dazu!
Die Schwingung!

Die Schwingung gleicht einer Melodie, die wir aussenden!

Der französische Maler Henri Matisse sagte einmal:
Nichts hindert uns, mit einigen wenigen Farben zu komponieren, wie in der Musik, die auf nur 7 Tönen aufbaut.

Schicksal und Sternzeichen

Nun sind ja die wenigsten Menschen mit dem „Komplementär-Partner" ihres geburtsbedingten Sternzeichens liiert, aber das Sternzeichen steht als Charakteristikum in vielen Bekanntschaftsanzeigen dabei, Widder-Frau sucht Waage-Mann zwecks Astro-harmonischer-hormonischer Verbindung!

Ob aus dieser Anzeige eine optimale Verbindung hervorgehen würde?

Nach den Farben und den Sternzeichen zu urteilen ja!

Aber – außerdem ist da ja noch die Sache mit dem Karma eines jeden Menschen.

Das persönliche Schicksal.

Der persönliche Entwicklungsweg jedes Einzelnen und wie er sich seinen ganz speziellen Herausforderungen stellt, um sie zu lösen.

Mit Licht und Farben und Liebe, mit Sternbild,
Ergänzungshälfte und Grundton fängt es an,
und wir können auf alle Fälle sicher sein,
dass wir intuitiv die Partner wählen,
mit denen wir etwas zu tun, zu regeln und zu lernen haben.

Wenn Sie Lust haben,
können Sie jetzt einen ganz besonderen Farbkasten
zusammenstellen,

nämlich Ihre eigene persönliche Farbpalette aus der Astrologie!

Vielleicht rühren Sie auch eine Familien- oder Freundes-Farbtafel an, mit den Farben der Sternzeichen und Ergänzungshälften der wichtigsten Personen um Sie herum?

Sie werden einiges damit anrühren!

Wer mit den Farben und Tönen spielen will, ist herzlich dazu eingeladen, und kann einen bunten Familienchor aufstellen.

Ich zeige in meinem Beispiel eine einfache Variante mit den Farben!

Daten und Farben aus der Astrologie für Sie selbst, den Familienfarbkasten oder die Freundespalette.

Beispiel:

1)	Name	Matthias	
2)	Geburtsdatum	6.8.1946	
3)	Sternzeichen	Löwe	gelb
4)	Komplementärzeichen	Wassermann	violett

Der Löwe braucht zu seinem Gelb die Farbe Violett. Vielleicht drückt er sich viel mehr im Violett aus, als im Gelb, seiner Löwenfarbe.

Der Wassermann wiederum braucht zur Ergänzung seiner Farbe Violett, die Farbe seines Komplementärzeichens, das Gelb des Löwen.

In der Malerei sind die Farben gelb-violett eine klassische Achse: Grundfarbe Gelb und Komplementärfarbe Violett. Diese Farbachse wird auch die „Intuitionsachse“ genannt. Zusammen ergeben die Farben und ihre Eigenschaften ein optimales Ganzes, einen harmonischen Farbklang.

Eine kleine Farbenlehre als „Farbsprache“ zum Abschluss des Themas:

Grundfarbe	+	Komplementärfarbe	=	harmonischer Farbklang
Gelb	+	Violett	=	Intuitionsache
Blau	+	Orange	=	Liebesachse
Rot	+	Grün	=	Willensachse

Jetzt sind Sie daran:

1) …
2) …
3) …
4) …

1) …
2) …
3) …
4) …

1) …
2) …
3) …
4) …

1) …
2) …
3) …
4) …

1) …
2) …
3) …
4) …

1) …
2) …
3) …
4) …

Dieses Farbempfinden gilt für Räumlichkeiten, für Kleidung, für Bilder, für Emotionen, für Musik und ganz besonders für das persönliche Befinden.

Und deshalb heben wir mit soviel Farben jetzt mal eben ab und fliegen nach Brasilien, zu einem „etwas anderen Karneval".

Bordado

Frisch verheiratet und ausstudiert, bzw. Beruf gegen Ehe-Unternehmen eingetauscht, zogen wir 1974 nach Brasilien.

Mein Mann Matthias sprach fließend Portugiesisch, ich kein Wort. Aber das wollte ich lernen, genau wie meinen neuen Status „Hausfrau". Dafür hatte ich die Farben und die Modebranche an den Nagel gehängt. (Die Farben und die Staffelei sollten in Brasilien gleich frisch aus dem Koffer geholt werden.)

Matthias hat Tropenlandwirtschaft studiert. Wie das Wort Tropenlandwirtschaft schon sagt, würden wir uns in Zukunft mehr in tropischen Regionen aufhalten als in heimatlichen Klimaten. Mit dem 1. Projekt, einem Saatkartoffel-Vermehrungsprojekt, ging es nach Brasilien.

Die Vermehrung von deutschen Pflanzkartoffeln in brasilianischem Boden sollte die dortigen Erträge verbessern und dann im Schneeballsystem von den Bauern weitergegeben und so über einen großen Teil des Landes ausgebreitet werden.

Die Brasilianer sind sehr aufgeschlossen und die Leute in Canoinhas, dem kleinen Ort, um den herum das Pflanzkartoffel-Vermehrungsprojekt, angesiedelt war, wussten schon, dass der deutsche „Dottore" nach Deutschland geflogen war, um seine „blonde Flamme" zu heiraten und diese dann mit nach Südamerika zu bringen.

Ich hatte bereits eine Ahnung davon, wie der „cou do mundo", der A… der Welt , wie die Einheimischen den kleinen Ort nicht ohne Stolz benannten, aussehen würde, denn ich hatte ihn mir 5 Monate vorher selber angesehen!

Die Leute, die wir schon kannten, kümmerten sich sehr nett um uns, und ich wurde bald von einer brasilianischen Lehrerin, die deutsche Vorfahren hatte und deshalb auch noch ein paar Worte Deutsch sprechen konnte, zu einem „Bordado“ – einem Handarbeitsnachmittag – eingeladen.

Es war September und in Brasilien das Gegenteil unserer Jahreszeit, es war Winter. Während ich auf Jucy wartete, die mich abholen wollte, überlegte ich, wie ich meine ersten 20 Worte Portugiesisch so jonglieren könnte, dass sie 2 oder 3 zusammenhängende Sätze ergeben würden – was sich als ziemlich aussichtsloses Unterfangen herausstellte.

Aber da kam Jucy auch schon, wortreich und mit Pelz bemantelt. Auf der Fahrt zu unserer Gastgeberin führte sie weiterhin das Gespräch an, unterstrichen von pantomimischer Gestik und Mimik, den paar deutschen Worten und einem herzhaften Lachen, und forderte mich auf diese Art und Weise zur Kommunikation heraus.

Und es ging – mit Händen und Füßen und Körpersprache – ich verstand Etliches und freute mich darüber, und so kamen wir lachend in der bereits wartenden Frauenrunde an! Wir tagten bei Donna Annie. Jede verheiratete Frau in Brasilien ist eine „Donna“.

„Bon dia, guten Tag! Du bist also die Neue!“ Ich schüttelte acht Frauen, die um einen großen Tisch herum saßen und eine Handarbeit auf dem Schoß hielten, die Hände, versuchte mir die Namen zu merken – und schwamm in einem Riesenteich von portugiesischen Sätzen, Fragen und Ausrufen. Da ich nichts verstand, merkte ich, wie melodisch die Sprache ist, eine Musik, die sich mir mit den entsprechenden Gebärden mitteilte.

Am „allerheißesten“ im wahrsten Sinne des Wortes, war aber, wie sich die Damen präsentierten! Sie hatten alle locker Pelze um die Schultern hängen, was vielleicht der Jahreszeit, nicht aber den nachmittäglichen Temperaturen entsprach. Es sah rasend aus!

Ein Rudel Wildkatzen auf Sofas und Sesseln – mit jeweils einer Handarbeit auf dem Schoß „gezähmt“ –, die anders als in der Natur alle friedlich um einen Futtertrog um den Tisch saßen. Ich nahm Platz in der Runde, packte meine Sachen aus und bekam die Arbeiten der Senhoras mit den exotischen Fellen und den sprudelnden Temperamenten zu sehen.

„Lindo, lindo, wirklich sehr schön!“

Perfektion im Sticken auf Tischdecken, Servietten und Sets, auf Bettwäsche, Handtüchern und Kinderkleidern. Aber noch viel interessanter war, was dabei an Gedanken und Gesprächen in Umlauf gebracht wurde.

Habe ich „ein“ Futtertrog gesagt? Was als kleine Unterbrechung, als Lunch, bezeichnet wird, ist in Wirklichkeit ein Riesentisch, gedeckt mit vielen verschiedenen Köstlichkeiten süßer und salziger Natur. Auch hier staunte ich wegen der Vielfalt, es schmeckte köstlich – und es standen ungefähr acht verschiedene Spezereien auf dem Tisch!

„Boa?“, wurde ich gefragt. „Boa“, antwortete ich, „köstlich“, und rechnete im Stillen aus, dass ich acht Wochen Zeit hätte, bis ich an die Reihe käme, ein Bordado zu veranstalten! Ich schob die kleinen Schweißperlen auf meiner Stirn der Spätnachmittagssonne zu, und dachte, mit dem „Goldenen Löffel von Dr. Oetker“- Kochbuch für Einsteiger, werd ich es schon richten. – Mitgehangen, mitgefangen!

Sie werden mir immer in Erinnerung bleiben, die vielen, vielen Bordados – jede Woche, außer in den Ferien, dreieinhalb Jahre lang!

Sie waren ein eigenes Netz, diese Nachmittage, Handarbeit und schöne Künste zum einen, Sozialstation, Blickpunkt und Selbsthilfegruppe zum anderen. Wir haben das Land und die Leute, die Sitten und Gebräuche kennen und lieben gelernt, und die Sprache fließend sprechen.

Wir haben Karneval gefeiert und die brasilianischen Schlager mit Hingabe gesungen. Wir haben Feijoada gekocht, Churrasco bereitet und Samba getanzt, und wurden von den Brasilianern als „die Ihren“ bezeichnet. Dass das brasilianische Nationalgetränk, die Caipiriniha, ein Lebenselexier ist, hat inzwischen auch die europäische Welt schätzen gelernt.

Und so kommt es, dass ein Teil unserer Herzen brasilianisch schlägt und unsere Tochter einen brasilianischen Vornamen trägt. Sie heißt Maria-Bethania wie die brasilianische Sängerin, die mit ihren sozial-kritischen Liedern Ende der 60-er/Anfang der 70-er Jahre einem Großteil der Bevölkerung ihres Landes aus dem Herzen sprach, indem sie viele soziale Missstände anprangerte und dadurch etliche Resolutionen in Bewegung gebracht hat.

Sie wurde wie andere Musiker, die sich für mehr soziale Gerechtigkeit einsetzten, des Öfteren ins Gefängnis gesteckt – in der Hoffnung, sie damit „mundtot“ zu machen. Das gelang nicht! Ihre Anhänger bewirkten jedes Mal Petitionen und Haftentlassung und ihre Popularität wuchs nur umso mehr.

Maria-Bethania ist noch heute sehr präsent in der Musikszene, wie auch ihr Bruder Caetano Villoso, und die Garde der siebziger Jahre, die wir kennen und lieben gelernt haben.

Der Ausdruck der Brasilianer ist ihre Musik und der Samba, und dann kommen der Karneval und der Fußball!

Wilde Tiere unter uns

Weshalb wir nach Brasilien gekommen sind, habe ich schon beschrieben. Jetzt will ich über die besondere Eigendynamik unseres Hauses berichten.

Wir bewohnten ein kleines Haus neben einer großen alten Mate-Fabrik. Mate ist ein bitterherb schmeckender Tee, den die Brasilianer lieben. Er wird in einem Kürbisgefäß gebrüht, aus dem mehrere Personen mittels eines metallenen Trinkhalms trinken, der aussieht wie ein dickerer Strohhalm aus Inox-Stahl, dessen unteres Ende in ein kleines Teesieb mündet. Mate-Pausen sind ein Ritual für die Brasilianer.

Da wir 2 Wochen nach unserer Hochzeit in Deutschland in die Mitte Brasiliens, an unseren Projektstandort Canoinhas/St. Catharina, 6 Autostunden südlich von Sao Paulo, zurückkehrten, hatten Kollegen von Matthias und Nachbarn unser Häuschen mit Blumen, Palmwedeln, Luftballons und scheppernden Blechbüchsen dekoriert. Letztere fanden sich besonders zahlreich unter unserem Bett wieder!

Auf diese Art liebevoll willkommen geheißen – und nach dem Genuss einiger Begrüßungs-Caipirinhas wieder ganz auf dem anderen Kontinent angekommen –, fielen wir spät in der Nacht todmüde ins Bett, was mit einem Blechbüchsenkonzert und knallenden Luftballons darunter beantwortet wurde, und einem Geräusch, als würde Bauschutt von einem Kipplaster entsorgt – dann fielen wir in einen tiefen Schlaf.

Bis polternde Geräusche über uns uns weckten. Wir horchten auf das Schurren und Kratzen, hörten das dumpfe Wummern – und konnten uns nicht erklären, wem oder was diese Geräusche zuzuschreiben seien.

Einbrecher gleich in der ersten Nacht?

Nein, nicht an diesem kleinen Ort.

Aber trotzdem – ein Blick ins Wohn- und Gästezimmer, ins Badezimmer und Klo, auf die Türen und Fenster, – nichts!

Noch eine Hochzeitsüberraschung?

Da war es wieder, das Geräusch. Wilde Hunde vielleicht, aber wie kamen die auf unseren Dachboden??

Das ginge jetzt wirklich zu weit, diesen Schreck als Hochzeitsgag zu verbuchen.

Vielleicht Eulen oder Nachtvögel? Huuhh!

Auf einmal Ruhe. Schlafen und morgen nachsehen.

Matthias erzählte im Projekt von unserer nächtlichen Geräuschkulisse und forschte in den Gesichtern der amüsierten Kollegen nach Hinweisen auf eine Fremdbeteiligung. Was aber nicht auszumachen war!

Im Gegenteil, die einheimischen Kollegen erzählten Geschichten von Skunks, die sich in der kalten Jahreszeit gern in Kellern oder Dachböden einrichteten, von Schlangen, die schon auch mal eine häusliche Unterkunft bevorzugen würden – die großen Boas natürlich nur, nicht die kleinen Würmchen unter 50 Zentimetern!

Von wilden Hunden sowieso, von den zahllosen Fledermäusen, fliegenden Hunden und sonstigem Federvieh ganz zu schweigen. Mäuse und Ratten gar nicht besonders zu erwähnen.

Am nächsten Tag würden zwei Männer, die sich mit solchen Angelegenheiten auskannten, auf unseren Dachboden steigen und nachsehen, was Sache war. Bis dahin wünschten sie uns noch eine gute Nacht im „brasilianischen Dschungel“.

Die hatten wir natürlich nicht – weil dieselbe Mitternachtsmusik sich einstellte wie in der Nacht zuvor. Wir konnten uns einfach nicht erklären, wo der Zugang zum Dachboden in diesem Neubau sein sollte. Wir waren nämlich die ersten Mieter. Oder wurden die Haustiere gleich mitgeliefert? Adaptiert aus dem Rohbau!

Und von wegen: mal eben auf dem Dachboden nachsehen…! Andere Länder, andere Bauweisen! Es gab keinen Aufgang zum Dachboden. Es musste erst ein Einschlupf unter dem Dachfirst herausgebrochen werden, eine Genehmigung des Hausbesitzers eingeholt – Baumaterial beschafft, um die Fassade wieder dicht zu kriegen.

Es vergingen Tage, und es vergingen kaum die Nächte! Wir wurden bereits nach dem Wohlergehen unserer Haustiere gefragt! Denen ging es immer noch gut, – wir hingegen gingen allmählich „auf dem Zahnfleisch“ und hegten Umzugspläne.

Die starken Männer, die mit Knüppeln bewaffnet den Dachboden abgesucht hatten, konnten nichts anderes finden, als ein bisschen Rattendreck. Nicht der Rede wert und völlig normal in der Region.

Gift legen, sagten die Männer.

Gift in unsichtbare Kanäle?

Also erstmal weitersuchen.

Nachmittags saß ich an unserem Esstisch und lernte Portugiesisch. Ich wiederholte mir gerade einige Vokabeln im Geiste und blickte dabei aus dem Fenster – da sah ich es.

Des Rätsels Lösung.

Unseres Rätsels Lösung!

Es marschierte direkt und im Familienverband, von der Mate-Fabrik über das Dach unserer Garage und verschwand in einem unsichtbaren Eingang unter den Dachziegeln des Hauses.

Und es marschierte der ganze Clan!

Und groß waren sie!

Groß und wohlgenährt wie Bisamratten.

R a t t e n, so groß, wie ich noch nie welche gesehen hatte.

Ich saß da und sah zu und konnte es kaum glauben.

Tagsüber auf Futtersuche in der Mate-Fabrik, vom Nachmittag bis Mitternacht zum Schlafen auf unserem Dachboden – und dann: „Der Tanz der Ratten", um den neuen Tag in aller Frühe, sozusagen nach Anbruch desselben, zu begrüßen – mit einem Krach, der einer ausgewachsenen Affenhorde hätte zugeschrieben werden können.

Und wir hatten den Dachfirst auf der anderen Seite geöffnet, hatten die Rattenködel nicht für voll genommen, und hatten vom Geräuschpegel her auf wilde Tiere geschlossen.

Wir schliefen besser und erleichtert in den folgenden Nächten.

Das Haus haben wir dennoch gewechselt, weil durch die sichere Futterquelle der benachbarten Fabrik die Rattentänze wohl niemals geendet hätten!

„Aufräumen" ist unser Thema bei der Frage 6:

Wenn das Glück nicht unseren Vorstellungen entspricht,
seien Sie bereit,
auszumisten in Ihren herausgewachsenen zwischen-
menschlichen Beziehungen.

Sehen Sie sich mit einer guten Portion Humor an,
was Ihnen einstmals Schwierigkeiten und auch Tränen
verursacht hat,
wo Trauer war
oder noch ist,
und entscheiden Sie, was von all den Erlebnissen überholt ist,
was verabschiedet werden kann –
um Platz zu schaffen.

Worüber Sie heute nur noch lachen können – auch wenn Sie damals geweint haben –
wofür Sie heute nur noch ein Achselzucken
oder ein Schmunzeln übrig haben,
und damals hat es Sie geschüttelt vor Wut!

Räumen Sie auf in der Beziehungskiste
und sagen Sie sich,
all die Erlebnisse haben Sie reicher gemacht an Erfahrungen,
und darum können Sie Platz schaffen für Neues!

Verabschieden Sie die Erlebnisse in Ruhe und Frieden.
Seien Sie dankbar für die Erfahrungen und segnen Sie sie,
dann können Sie sie loslassen.
Sprechen Sie dafür Worte der Vergebung:
für sich selbst und für die anderen Beteiligten,
und freuen Sie sich nach der Verabschiedung über:

ein Stück mehr Raum und Freiheit.

Verzeihen und damit frei werden von alten Streitigkeiten und unzeitgemäßem Ballast.

Vielleicht sind manche Erfahrungen aber nicht auszusortieren, oder abzulegen, sondern Sie müssen sich regelrecht davon befreien.

Dann tun Sie das.

Befreien Sie sich!

Nehmen Sie einen Bogen Papier – denn was Sie jetzt aufschreiben, wollen Sie in diesem Buch nicht wieder sehen!
Schreiben Sie zur Befreiung eine Liste auf, mit allem, was unerwünscht ist:

Mit allem, was mit Zweifeln, Missgunst, Neid, mangelndem Selbstwert und Suchtverhalten besetzt ist, und verbrennen Sie die Liste, ohne noch einmal nachzulesen!

Bitten Sie Ihre Schutzengel um Hilfe und Unterstützung!

Bitten Sie sie, Ihnen bei dem erlösenden Werk hilfreich zur Seite zu stehen!

Affirmation:
Ich bin bereit zu vergeben und meine Freiheit zu leben.

Bereitschaft heißt das Zauberwort.

Bereit sein alte Händel und Erinnerungen loszulassen,
die Wertung aus dem Geschehen zu nehmen.

Situationen mit Abstand betrachten,
„agieren“ – nicht „re“-agieren,
und die Zusammenhänge begreifen.
Vielleicht führt das ein Stück weiter – zur Selbsterkenntnis!

Wie gut kennen Sie sich selbst?

Gehen Sie gut und liebevoll mit sich selbst um,
seien Sie es sich selber wert,
geben Sie sich Zuspruch statt Vorwürfe.

„Sich selbst treu bleiben“, ist:
Intuition leben,
inneres Wissen leben,
ist Liebe und Akzeptanz nicht nur für andere,
sondern besonders auch für uns selbst,
so, wie wir sind,
so, wie wir „gemeint“ sind.

Wenn wir auf unsere Intuition hören,
unserem inneren Wissen gemäß leben,
machen wir dieses Wissen zu Weisheit.

Wenn wir uns im Gleichgewicht befinden
(auf der inneren Wippe)
und zentriert
– auf unseren inneren Mittelpunkt ausgerichtet – sind,
erfolgen unsere Handlungen mehr im Einklang mit dem Leben.

7) Wie sieht meine Absicherung aus?

Die Absicherung ist die „Teilhaberschaft an der Welt“. Ihre persönliche, ganz eigene Teilhaberschaft an der „Bühne der Welt“!

Die „Bühne der Welt“ ist da, wo Sie gerade sind - auf der Welt!
Sie, und Sie und Sie – Sie alle, die dieses Buch lesen.
Sie alle haben ein ganz eigenes Schauspiel – jeder für sich hat seine eigene Hauptrolle in seinem Lebensfilm oder Theater.

Der Schauplatz ist Ihr derzeitiger Wohnort.
Ihre Rollen sind Lebensphasen und Ihre Lebensabschnitte.
Ihr Ausdruck in Ihrer Welt.

Ihre Partner und Familienangehörigen und Freunde sind in demselben Theaterstück engagiert wie Sie.

Das Tollste aber ist: Das Drehbuch ist in einer Vielfältigkeit ausgelegt, die unglaublich scheint – und hat doch für das Stück, für jeden Schauspieler, eine genaue Rollenangabe!
Es gibt einen Teil des Drehbuches, der nicht verändert werden kann, das ist der Teil, der nicht von dieser Welt ist!

Aber die andere Hälfte kann verändert werden.
Die Hälfte, des Drehbuches, die von uns Menschen strukturiert ist, total individuell – sie kann neu aktualisiert werden. In jeder persönlichen Rolle, in jedem persönlichen Stück!

Sie sollte sogar öfters aktualisiert werden,
denn wachsendes positives Bewusstsein kann die Inszenierung
des Stückes des Lebens,
des Lebens-Theaters,
nur zum Besseren verändern.

Wir urteilen und beurteilen andere Menschen, Freunde und Partner nach ihren Reaktionen. Wir beurteilen sie, weil wir meinen sie „zu kennen".

Wir betrachten damit aber immer nur „unser Bild" von ihnen, gefertigt aus „unserer Wertevorstellung", basierend auf „unserer individuellen Erziehung".

So kommt es, dass wir manchmal „Andere" gar nicht verstehen können, weil „uns" Erfahrungswerte fehlen.

Affirmation:
Den anderen verstehen wie er ist.
Ihn nicht dafür verändern wollen.
Leben – und leben lassen.
Das Leben lieben.
Leben ist, weil Liebe ist.

Leben und Lieben –
das Leben lieben und leben!

Alles, was wir – jeder Einzelne von uns – in das Leben hineindenken, ist unsere „individuelle Mischung".

Das Leben findet uns zur Freude statt –
und um es besser zu verstehen.

Leben ist praktizieren und daraus lernen.

Dabei sollen ungemütliche und unangenehme Situationen nicht vermieden werden, im Gegenteil: Vermeidung zieht einen ganzen Eiertanz von Vermeidungssituationen mit sich, die der Lösung des Problems nicht förderlich sind.

Durch die Situation durchgehen, sie erleben, erleiden und erlieben – die Erfahrungen sehen, erkennen, was gut tut und was nicht – für sich selbst – zur Selbsterkenntnis.

Konsequenzen ziehen – erste Schritte zur Änderung einleiten – und irgendwann durch die Situation hindurch gegangen sein!

Ausgeglichener atmen können, und wieder in der Schwingung mit sich selbst sein.
Erkannt haben, warum.
Verstanden haben, weshalb.

Jede Gabe ist eine Aufgabe, sagte Käthe Kollwitz!

Vom ersten Tag unseres Lebens an lernen wir,
solange, bis wir ausgelernt haben,
bis das Leben und die Selbsterkenntnis
Eins sind.

Es lebe das gute Leben!

Das Leben als Theaterstück – oder
das Leben wie ein Film.
Die meisten Menschen spielen darin mit,
ohne zu erkennen, dass es ihr eigener Lebensfilm ist,
der gerade läuft!

Lassen Sie mal zum Spaß den Film ihrer eigenen Kindheit vor sich ablaufen!
Das geht ganz schnell, nicht wahr? Und es ist beeindruckend
– und vielleicht werden Sie jetzt ein wenig melancholisch, weil Sie wissen,
dass diese spezielle Zeit niemals zurückkommt,
noch jemals zurückgeholt werden kann.

Und die Stempel aus der Zeit sind gravierend …!

Das Sehnen danach!

Die Tränen, die jemand vergießt,
die von der Freude und Schönheit oder auch dem Schmerz der damaligen Zeit zeugen.

Vielleicht gibt es Szenen in dem Film, die ihnen gar nicht so gut gefallen!
Hier rollen vielleicht Tränen der Wut und der Trauer.

In diesem Film – dem persönlichen Lebensfilm – sind wir also, ohne es genau zu wissen, Drehbuchautor, Regisseur, Hauptdarsteller, Zuschauer und sogar Mitbesitzer des Kinos, in dem der Film läuft.[14]

Lassen Sie doch jetzt mal ihren Film vom „Erwachsensein" ablaufen! Bis zum aktuellen Stand.

Ein „Actionfilm" ist nichts dagegen, oder?

Aber?
Was gefällt Ihnen nicht?

Schreiben Sie gleich auf, was Ihnen nicht gefällt in Ihrem jetzigen Film.

Was Sie ändern wollen.

Denn danach können Sie Punkt für Punkt neu gestalten.

Und diese Punkte unterscheiden sie sich von denen am Anfang, die Sie unter der Rubrik für Wünsche aufgeschrieben haben – oder sind es dieselben?

Änderungen im jetzigen Lebensfilm:

1 ....

2 ....

3 ....

4 ....

5 ....

Wo wollen Sie anfangen neu zu gestalten?

1 ....

2 ....

3 ....

Was müssen Sie dafür klären?

1 ....

2 ....

3 ....

Visualisierung ist unser Thema!

Eine Visualisierung ist der Aufbau einer Vorstellung.
Es ist der natürliche, zwanglose Umgang mit der Vorstellungskraft.

Visualisieren wird sehr oft mit Erschaffen verwechselt.

Das Erschaffen, die Schöpfung, ist der Schritt danach.

Kreatives Visualisieren ist eine Methode zu wünschen
und sich in die Intuition einzugeben.

Dazu eine Vorstellungshilfe:

Ein Modeschöpfer entwirft ein Kleid:
dafür hatte er Visionen und eine Inspiration.
Nach dieser wählt er den Stoff aus,
bestimmt, welches Mannequin das Kleid trägt,
erklärt der Schneiderin den Schnitt,
lässt es zur 1. Anprobe richten,
nimmt Veränderungen vor,
stimmt die Accessoires ab,
probiert erneut,

lässt es fertig stellen,
zeigt es auf seiner Modenschau,
bekommt sehr viel Applaus dafür,
bedankt sich.

Bevor der Modeschöpfer sein Kleid entworfen hat, hatte er verschiedene Versionen des Modells und Visionen von vielen verschiedenen Kleidern im Kopf.

Er konzentriert sich auf das, was er am Schönsten findet,
was er am besten zum Ausdruck bringen kann
und wovon er weiß, dass es gut bei seinen Kunden ankommt,
denn er bezieht seinen Unterhalt aus dieser Arbeit.

Er zentriert sich auf sein Modell.
Seine Idee ist die Zielvorstellung.
Er geht bei den nachfolgenden Schritten immer von seinem Entwurf im Endstadium aus.
Er kontrolliert seine Vorstellung sehr genau, um zu einem befriedigenden Ergebnis zu kommen.
Er stellt sich sein Modell mit allen Details vor.
Er schöpft aus seiner inneren Quelle, seinen Vorstellungen und von seinen Visionen, der Modeschöpfer.
Die Visionen sind die Bilder, die unter dem Einfluss der Intuition zustande gekommen sind.

So entsteht seine Creation.
Die schöpferische Vorstellung:

Damit auch Sie aus Ihrer inneren Quelle schöpfen können, sich Ihren Vorstellungen und dem Werdegang Ihrer Wünsche immer bewusster werden, sind hier die einzelnen Schritte, die Sie bei Ihrer schöpferischen Visualisierung, vollziehen, aufgeführt:

1. Begeben Sie sich an einen Platz, an dem Sie gerne sind und an dem Sie ungestört sind.

2. Achten Sie darauf, dass Sie entspannt sind, wo Sie sitzen oder liegen, im Zimmer oder im Freien.
   Baumstämme sind wundervolle Anlehnungsmöglichkeiten – sie geben uns von ihrer eigenen Kraft Energie ab –, Liege-

stühle, Stühle jeglicher Art, in denen Sie sich wohl und geborgen fühlen.

3. Sie können es sich auch auf einer Wiese bequem machen, oder an einem Bach, auf dem Rasen hinter dem Haus, oder was sonst auch immer Sie zur Ruhe und zur Einkehr einlädt, nur sollen Sie wach sein und bleiben und nicht eindösen.

4. Sie sind im Begriff etwas zu wünschen und ins Leben zu rufen!
   Eine kreative Visualisierung auszuführen.
   Seien Sie mit Ihren Gedanken in der Gegenwart – nicht in der Vergangenheit und auch nicht in der Zukunft.
   In dieser Stunde wollen Sie Ihre Gedanken und Visionen zu einer neuen Wirklichkeit werden lassen.

5. Stellen Sie sich vor, wie Kinder spielen – selbstvergessen und hingebungsvoll – wie sie nachhaltig das fordern, was sie wollen.
   Wie sie von ihrem Wunsch beseelt sind. Wie sie alles dafür in Bewegung setzen, ihre Ideen umzusetzen und ihre Wünsche erfüllt zu bekommen. Denken Sie daran, wie viele Wünsche sich für Kinder erfüllen.

6. Spielen Sie auch hingebungsvoll mit den Bildern – den Visionen, die in Ihrem Geist auftauchen – und finden Sie heraus, welche Bilder stimmig sind für Sie.
   Stellen Sie sich dann Ihre gewünschte Situation mit den empfangenen Bildern ganz genau vor, bis in die kleinste Kleinigkeit, geben Sie ihre ganze Zuwendung in das Bild – in die Bilder, die vor Ihrem inneren Auge ablaufen – dem Punkt zwischen Ihren Augen – und bitten Sie das Universum um Unterstützung.

7. Wie ein Puzzle, mit all seinen vielen, verschiedenen Einzelteilen, haben Sie ein Wunschbild mit Ihren idealen Bedingungen zusammengesetzt.
   Sehen Sie sich voll bewusst als Hauptperson in Ihrem inszenierten Bild und bringen Sie es dann zu einer Endeinstellung, die nicht mehr verändert wird.

8. Diese Endeinstellung ist Ihr gewünschter idealer Zustand, den Sie erreichen wollen.

   Ihre bildliche Vorstellung steht, jetzt muss die Verinnerlichung geübt, die einzelnen Punkte wie Vokabeln gelernt werden.

9. Je länger und öfter Sie das Bild im Geiste wiedererstehen lassen, desto länger fließt Energie.

   Studieren Sie Ihr Wunschbild in allen Einzelheiten immer wieder ein, wie ein Schauspieler oder eine Schauspielerin ihre Rolle einstudiert.

   Je glaubhafter die Rolle empfunden und gespielt wird, umso besser – je mehr Sie sich in die Empfindungen hineinbegeben, desto mehr wird die Rolle ein Teil von Ihnen – Ihre eigene Wirklichkeit!

10. Energie folgt Gedanken!

Welche Anfänge mögen Sie?

Einen neuen Terminkalender mit vielen leeren Seiten?

Ein neues Schulheft, mit einer ganz ordentlichen ersten Seite?

Ein neues Kleidungsstück, bei dem das Ausprobieren Spaß macht?

Den ersten Arbeitstag nach dem Urlaub mit neuem Schwung?

Die erste Tasse Kaffee in der frisch geputzten Wohnung?

Den Beginn einer Freundschaft?

Eine unberührte Schneelandschaft, die man zum ersten Mal betritt?

Die erste Primel des Jahres, die leuchtet und nach Frühling duftet? [15]

8) Hat das Glück eine Rückversicherung?

„Es“ hat!

Wir sind unsere eigene Garantie zum Glück, stecken in unserem eigenen Teppichmuster mit übergeordnetem Webstuhl bzw. wir bleiben mit beiden Beinen auf unserem Teppich, und wir haben einen ganz eigenen persönlichen Bestell-Service.

Wir haben eine unsichtbare Führung.

Wir wissen um die Kunst des Imaginierens, des Visualisierens, des Affirmierens.

Wir haben die reinigende Kraft des Lachens
und wir dürfen „Segen spenden,“ wie wir gleich entdecken werden.
Wir wissen, „wie“ wir Wünsche formulieren
und warum sie manchmal etwas länger dauern.

Apropos wie, –
wie wär's mit einem Lächeln zum Anfang?

Ein Lächeln

Ein Lächeln kostet nichts und schafft viel.
Es bereichert die, welche es empfangen,
ohne denen zu gehören, die es geben.
Es dauert nur einen Moment,
aber sein Gedenken ist manchmal ewig.
Niemand ist reich genug, um darauf zu verzichten.
Niemand ist arm genug, um es nicht zu verdienen.
Ein Lächeln gibt dem Müden Erholung,
gibt dem Verzagten den Mut zurück.
Man kann es nicht kaufen, nicht leihen, nicht stehlen,
weil sein Wert im Augenblick liegt.
Und wenn Sie manchmal jemandem begegnen,
der kein Lächeln mehr kennt,
seien Sie großzügig, schenken Sie ihm das Ihre.
Weil niemand ein Lächeln so nötig hat
wie derjenige, der anderen keines zu geben vermag.

(Verfasser unbekannt)[16]

Gehen Sie immer lächelnd in die Rückversicherung,
damit gehen Sie schon Hand in Hand mit ihr.

Sie ist Ihnen sozusagen ins Gesicht geschrieben – Sie haben Sie an der Hand und im Herzen.

Mit dem Verstand, dem Herzen und der Intuition in Gemeinschaftsaktion finden Sie heraus,
welche Schritte zum Erreichen der von Ihnen gewünschten Situation getan werden müssen.

Und vor allem
indem Sie anfangen die Schritte zu tun:
anfangen, sie zu vollziehen –
einen Schritt nach dem anderen gehen –
das Ziel vor dem inneren Auge.

Indem Sie wahrnehmen und erkennen, was um Sie herum ist. In der Wahrnehmung – im „Für wahr Nehmen" – liegt das Ganze.

Im Ganzen liegt auch die Einsicht:

Einsicht im Sinne von
in etwas hineinsehen,
fühlen, wie es ist.
Nachvollziehen, wie es ist,
wie es drum herum ist,
und warum!

Das Leben basiert auf Gefühlen –
und es basiert es auf einem Impuls.
Dieser Impuls ist die Liebe.
Die Liebe ist nicht Technik, sie ist Regung,
sie ist der Motor des Lebens.
Facettenreicher als die schönsten geschliffenen Steine
ist sie nicht von Anfang bis Ende zu benennen,
aber in vielen Facetten zu erleben!
Sie will – wie das Leben – gelebt und geliebt werden,
denn Leben ist Liebe, und Liebe ist Leben.

„Welch ein Segen, dass es dich gibt",

sagen verliebte Menschen zueinander –

sagen Eltern zu ihren Kindern –

sagen Kinder zu ihren Eltern –

sagen große und kleine Leute zu Haustieren –

sagen Menschen zu Gott – oder wie auch immer Sie „es" benennen wollen!

„Gesegnet sei das Leben"

Alle Menschen dürfen segnen.

Sie sind gesegnete Wesen und sie dürfen segnen, wen und was sie segnen wollen.
Sie müssen dafür nicht Pastor oder Priester sein
oder sich durch ein entsprechendes Studium dafür zertifiziert haben – nein,
jeder kann alles und jeden segnen –
und es ist ein Segen, dass es so ist.

Ich segne die ganze Welt!

Statt:
wie lange soll ich „das… oder das…" noch aushalten:
„Ich segne mein Leben, ich will gut leben – und ich segne das Problem, das ich gerade habe."
Mit dem Segen haben Sie eine große Hilfe an Ihrer Seite.

Vielleicht kommt Ihnen das Thema mit dem „Segen" jetzt sehr „sagenhaft" vor. Das kann ich gut verstehen, mir ging es genauso, als ich es zuerst hörte.

Ich musste mich daran gewöhnen, dass das überhaupt möglich sein sollte,
weil ich dachte, das Segnen sei ganz und gar den kirchlichen Würdenträgern vorbehalten,
und überhaupt – was sollte ein einzelner Mensch mit seinem „kleinen" Segen ausrichten gegen die Wucht an Naturkatastrophen und Epidemien, gegen Unrecht und Erniedrigungen, gegen die banalen Stolpersteine und Prüfstände des eigenen Lebensbereiches?!

Ich probierte es aus,
ganz leise und versteckt zuerst.
Nach mehrmaligen Aufforderungen meiner inneren Stimme – irgendwann gab auch mein Ego einen kurzen Kommentar dazu ab: „Also, dann mach es, wenn du es unbedingt willst – du darfst!“, (aber: du musst nicht!). Das Wörtchen „aber“ versucht das Geschehen in Schranken zu halten!

Probieren Sie es einfach aus.

Fangen Sie als erstes an, Ihr Leben und Ihre Person zu segnen, dann die Menschen, die Sie lieben.
Ein Segen für die ganze Welt –
vielleicht fühlen Sie sich dabei noch mehr mit ihr verbunden.
Ihre liebsten Tiere –
Ihren Garten, Ihre Blumen, Ihre Gewächse, die Bäume –
Ihre Schutzengel
Sonne, Mond und Sterne,
den Kosmos,
das Universum,
die Seele des Universums,
alle Notleidenden und Hungernden dieser Erde,
den Himmel und die Erde.

Bringen Sie mit Ihrem Segen ein Stück Himmel auf die Erde!

„Alles ist miteinander verbunden“!

Sie dürfen und können Krankheiten segnen und erkennen, wo Veränderung eintritt. Segnen Sie den Autostau, in dem Sie stehen, und bemerken Sie, was sich tut. Segnen Sie die Streitigkeiten untereinander – und segnen Sie die streitenden Parteien.

Segnen Sie Ihre Gedanken, Worte und Gefühle, denn Sie erschaffen mit ihnen ihre Realität.
Segnen Sie Ihre Handlungen.
Segnen Sie Ihre Arbeit.

Hier kommt Ihr ganz persönliches Anliegen:

1 ....

2 ....

3 ....

4 ....

5 ....

6 ....

7 ....

8 ....

Gesegnet seien alle Kinder!

Khalil Gibran gibt uns zu bedenken:

„Deine Kinder sind nicht deine Kinder. Sie kommen durch dich, aber nicht von dir, und obwohl sie bei dir sind, gehören sie dir nicht.
Du kannst ihnen deine Liebe geben, aber nicht deine Gedanken, denn sie haben ihre eigenen Gedanken.
Du kannst ihrem Körper ein Heim geben, aber nicht ihrer Seele …
Du kannst versuchen ihnen gleich zu sein, aber suche nicht, sie dir gleich zu machen. … Du bist der Bogen, von dem deine Kinder als lebende Pfeile ausgeschickt werden…“[17]

Ein Segen für die Liebe zu den kleinen Dingen!

Achten Sie einmal auf die Situationen, die Sie besonders berühren, und die, die bei Ihnen auf Ablehnung stoßen!

Wenn uns der Film unseres Lebens nicht mehr gefällt und keinen Spaß mehr macht, sollte ein jeder sein individuelles

Drehbuch ändern! Hiermit sollen keinesfalls die Scheidungs- und Trennungsrate angekurbelt, noch der Auswandererquote Rekordzahlen zugeführt werden – sondern einzig die Überlegung überwiegen:

Wie, in welcher Art und Weise, lebe ich?

Bin ich glücklich, so wie ich lebe?

Strahle ich das aus, was ich wirklich bin?

Wo möchte ich etwas ändern?

„Drehbuchänderungen" fangen auch bei kleinen Dingen an.

Vielleicht pünktlicher zu werden. Uhrzeiten zu respektieren.

Vielleicht sich bewusster zu ernähren.

Vielleicht sich mehr an der Luft zu bewegen, die Lungen mit Wald- und Wiesenluft zu füllen.

Vielleicht den Keller entrümpeln und ihn neu gestalten –

desgleichen ein Zimmer, – die ganze Wohnung!

Möchten Sie sich hier ein paar Notizen machen?

....

....

....

....

....

....

....

....

....

Pflegen Sie Ihre Neigungen,

vom eigenen Gewächshaus bis zum Aquarium,
von der Briefmarkensammlung, über die Modelleisenbahn
bis zum Sammeln von Teddybären.
Von „ich weiß nicht was" bis „hab ich noch nie gehört"!

Freude soll es machen!

Gibt es Dinge, mit denen Sie sich leidenschaftlich gerne in der Kindheit beschäftigt haben und die Sie jetzt fortführen und vervollkommnen könnten? Z.B. Musizieren, Modellieren, Schreiben, Malen, Träume deuten und, und, und?

Die Botschaften von Träumen zu entschlüsseln ist sehr spannend – und sehr aufschlussreich für den jeweiligen Menschen dazu. Träume sind inszenierte Filme, die die Seele jedem Einzelnen von uns schickt. Wie die Intuition sind sie individuell bis ins kleinste Detail.

Die schönen Dinge der Kindheit!

Ich weiß,
eine ähnliche Frage hatten wir schon bei dem Thema
Kreativität.

Aber jetzt haben wir uns weiter vorangearbeitet,

sind noch tiefer eingestiegen in die Vielschichtigkeit der Themen.

Darum sind Sie hier auch so gut dabei!

Diese Kindheitsneigungen sind große Wegweiser!

Nehmen Sie sie für wahr!

Kinder haben viel Weisheit!

In ihrem Buch „Spuren im Sand" erzählt M. Fishback Powers vom Weg durchs Leben und von schützender Begleitung:

„Ich träumte eines Nachts, ich ging am Meer entlang mit
meinem Herrn, und es entstand vor meinen Augen,
Streiflichtern gleich, – mein Leben.
Für jeden Abschnitt, wie mir schien,
entdeckte ich je zwei Paar Schritte im Sand:
Die einen gehörten mir, die anderen meinem Herrn.

Als dann das letzte Bild an uns vorbeigegangen war,
sah ich zurück, und stellte fest,
dass viele Male nur ein Paar Schritte zu sehen war.
Sie zeichneten die Phasen meines Lebens, die am schwersten waren.
Das machte mich verwirrt, und fragend wandte ich mich an den Herrn:
Als ich dir damals alles, was ich hatte, übergab, um dir zu folgen,
da sagtest du, du würdest immer bei mir sein.
…
Warum verließest du mich denn gerade dann,
als ich dich so verzweifelt brauchte?
Der Herr nahm meine Hand und sagte:
Geliebtes Kind, nie ließ ich dich allein,
…
da, wo du nur ein paar Spuren hier im Sand erkennst,
da trug ich dich auf meinen Schultern." [18]

Drehbuchänderung!

Sich neu besinnen, um die Rolle zu verändern,
um mehr Freude ins Leben zu lassen,
und um das Spiel des Lebens wieder genießen zu lernen.

Das ist Teil des Geschicklichkeitsspiels, des Praktizierens und Lernens – denn das Leben geht vorwärts und nicht zurück – und was vorvorgestern noch sehr wichtig war für uns, hat heute vielleicht nicht mehr dieselbe Wertigkeit.

Denken Sie an ihre Kleidung, die Sie vor einiger Zeit gekauft haben. Es gibt Teile, die sind dank ihrer Qualität und ihres zeitlosen Schnittes jahrelang in Ihrer Benutzung. Andere Teile überleben sich schneller, gehen mit den jeweiligen Moden und Vorlieben, und „Verrücktheiten" – und werden dann Stück für Stück aussortiert, für das Neue, das kommt.

Das Leben will, dass wir erfahren, was wir erfahren wollen,
und das Leben will geliebt sein!
Sie haben ein Recht darauf, das Leben zu genießen,
um das Leben zu lieben.

Tun Sie's!
Es ist ein Sinn im Leben,
dass Sie Freude leben,
und dass Sie sich darüber im Klaren sind,
dass Sie damit auch Ihrer Umgebung gut tun.

Oft glauben wir, erst aus dem Weg räumen zu müssen, was uns stört, um danach Freude, Lebensfreude entwickeln zu können.
Wenn das geregelt und jenes organisiert ist, dann ...,
dann wollen wir anfangen damit.

Erst die Arbeit und dann das Vergnügen, ist eine Volksweisheit.

So ist die Arbeit „harte Arbeit“, und sauer verdient,
und die Freude daran wird ausgeklammert.
Arbeitsfreude,
Freude an der Arbeit aber ist die beste Motivation, eine beflügelnde obendrein.

Das Leben ist jetzt – was morgen ist, wissen wir nicht.

Also heute anfangen Freude zu leben und uns die Erlaubnis dazu geben.

Es ist gut,
Freude zu haben und auch mit Freude zu arbeiten.
Wir dürfen sie uns erlauben, sie ist nicht nur für besondere Stunden reserviert.

Wir sollten bestrebt sein, sie uns täglich ins Leben zu holen,
um damit unser persönliches Lebens-Feld zu bestellen.

Wir ernten, was wir gesät haben, das gilt für jede Lebenslage.
Wer Freude sät, wird Freude ernten –
Wer Misstrauen sät, wird Misstrauen ernten.

Äußeres Verhalten schafft inneres Verhalten!

Freude fängt in der Wahrnehmung – im Sehen – an,
und kann deshalb ständiger Begleiter sein.

Wie dicht Angst und Freude manchmal zusammen liegen, zeigt die nächste Geschichte.

Damaskus mit Kugelsalven

Anfang der achtziger Jahre lebten wir in Damaskus, der Hauptstadt von Syrien. Wir: Vater, Mutter, ein Kleinkind und ein Baby.

Das Land ist ein Tresor alter Kultur, der Nabel der Bibel und historischer Geschichten, 1001 Nacht in Wahrheit und in Geschichten!

Die politische Lage war angespannt: da der Präsident Hafez el Assad, der bereits 12 Jahre das Land regierte, schwere Gesundheitsprobleme hatte, und da die politischen Gegner, die Aufwind für einen Machtwechsel schnupperten.

Es brodelte im Land, widersprüchliche Meldungen kursierten, Panzer rollten gen Norden und Flugzeugstaffeln überflogen die Stadt. Wir hörten Radio BBC oder Deutsche Welle, um neutrale Nachrichten zu bekommen.

Die Deutsche Botschaft verteilte Evakuierungsrichtlinien und Anordnungen sowie kleinere Nachbildungen der deutschen Flagge, mit deren Kennzeichnung sich im Ernstfall Autos und Familien ihrer Nationalität ausweisen sollten.

Ein Notgepäck von 5 Kilo pro Familie war erlaubt und sollte für den Fall einer Evakuierung gepackt und griffbereit parat stehen: Wäsche zum Wechseln, Ersatzwindeln, Kinderkekse – das Baby wurde zum Glück noch gestillt, Kuscheltier und Taschenlampe, eine Wasserflasche – die Küchenwaage kletterte ganz schnell von einem über zwei, drei auf vier Kilo, und noch nichts Eigenes, Privates war dabei.

Was mitnehmen, was das Wichtigste sein soll, aber nicht mehr als ein oder höchstens zwei Pfund wiegen darf?!

Ich ließ die Blicke durch unsere Wohnung schweifen und taxierte liebevoll ausgesuchte Geschenke zuerst auf ihren emotionalen Bestand und danach auf ihr Gewicht. Es war ein Markttag der Gefühle, weil ich merkte, dass der ins Auge gefasste und zur Auswahl stehende Gegenstand die „Geschichten drum herum“ in Bewegung setzte – und da waren viele Geschichten und Emotionen!

Aber dass sie, die Geschichten, nur angeklickt werden mussten, mit einem bestimmten Teil, war wiederum eine sehr schöne Entdeckung, denn die Geschichten waren ja schon eingepackt – in mir drin!

Was wir dann schließlich ausgewählt haben und mit der Waage und dem Gewicht vereinbaren konnten, waren die Negative unserer Fotos!

Unser Notreisesack war also gepackt und stand griffbereit zur Abfahrt! Unsere Tochter, die damals 4 Jahre jung war, fand das alles sehr spannend und fragte mehrmals, wann wir denn endlich mit der Fahne und dem kleinen Sack verreisen würden!

Aber es kam anders!

Damaskus, 1. Advent – es lebe der Präsident

Welche Präsenz in Syrien das Militär hat, konnten wir schon daran erkennen, dass nicht nur die Häuser von Politikern und hoch stehenden Würdenträgern von schwer bewaffneten Soldaten bewacht wurden, sondern die ganze Straße dazu. Das sah etwa so aus: Am Anfang und am Ende einer Straße waren mindestens 4 Soldaten postiert, 2 auf jeder Seite, und 4 zu einem Schwätzchen oder einer Kontrolle. Die zu bewachenden Häuser waren, je nach Wichtigkeit der Person, auch manchmal mit 2 bis 4 Soldaten bestückt – und dann gab es noch 2 bis 3 Wachhäuschen dazwischen.

Wir wohnten irgendwo dazwischen, wo nicht ganz so viele Soldaten waren und wir unseren Kinderwagen mit Benny nur manchmal im Slalom um Wachhäuschen und Soldaten schieben mussten. In der Nebenstraße wohnte allerdings ein Politiker!

Außerdem waren diese großen Jungs, die in den Soldatenuniformen steckten, ja auch nett und hatten ein großes Herz für Kinder. Sie hätten mir am liebsten den Kinderwagen um irgendwelche Hindernisse herum getragen, wenn ich es gewollt hätte, und sie zeigten Klein-Maria mit Wonne ihre Kalaschnikows und wie sie zu bedienen seien. Sie hätten diesen Anschauungsunterricht auch gerne auf das Baby ausgedehnt, das das Klackern der Metallstücke lustig fand, und vor Vergnügen krähte – wenn ich mich nicht vorher, freundlich, aber bestimmt, dafür bedankt hätte!

Ich sah ihren Stolz über ihre Waffen, und das Verlangen sie zu betätigen – nur zum Spiel und gegen die Langeweile. Sie langweilten sich furchtbar, diese Soldaten, und das war es, was ich als beunruhigend empfand.

Am 1. Advent besuchten wir einen Weihnachtsbasar in Damaskus und kamen am Spätnachmittag zurück nach Hause, um die 1. Kerze am Adventskranz zu entzünden und die beginnende Weihnachtszeit zu feiern. Auf einmal erhob sich ein ungeheurer Lärm auf der Straße und es knallten Schüsse und Salven in unglaublicher Lautstärke um das Haus.

Jetzt ist der Putsch da – mein Mann und ich guckten uns nur bedeutungsschwer an und dachten dasselbe.

Schsssssssssssssss!

Jetzt half kein Notreisesack mehr und keine Flagge, die die Nationalität anzeigte – die dicksten Mauern im Haus mussten wir suchen, um dahinter Schutz vor den krachenden Gewehrkanonaden zu finden.

Wir nahmen jeder ein Kind auf den Arm – die Kinder ihrerseits retteten „Piepenbrink und Floppy“, die liebsten Kuscheltiere und Begleiter, – wir schlossen die Türen und nahmen im Flur hinter den dicksten Pfeilern Zuflucht.

Es krachte und knallte und pfiff und ratterte in einer Lautstärke, als spielte sich alles in unserem Garten ab. Der dumpfe Ton von eingeschlagenen Geschossen hallte wider, dazu immer neue Schnellfeuersalven. Sirenen fingen an zu heulen, Unfallwagen schnellten mit ihrem kreischenden Signal vorbei, immer wieder Schreie aus kehligen Männerstimmen, Autos, die dauerhupten.

Es war schrecklich!

Matthias und mir zitterten die Glieder, die Kinder weinten, die Minuten wurden endlos, das Gehirn arbeitete fieberhaft, das Herz schlug bis zum Halse.

Was war passiert?

Warum sitzen wir hier? Warum tun wir uns das an? Warum haben wir unsere Kinder mit in so ein verdammtes Krisenland genommen? Es war, als spielte sich in drei Minuten der Flash unseres Lebens vor dem inneren Auge ab!

Wir hörten Geräusche zersplitternder Fensterscheiben und konnten nicht mehr ausmachen, ob bei uns oder bei den Nachbarn.

Die Häuser waren in der Regel 2- bis 3-geschossig, deshalb immer wieder die Geräusche einschlagender Projektile. Und wieder Gewehrsalven. Sie bildeten geradezu ein bizarres Musikstück, höher oder tiefer im Ton – länger oder kürzer in der Abfeuerung. „Spiel mir das Lied vom Tod"!

Matthias wollte versuchen an Nachrichten zu kommen. Sein Weltempfänger-Radio befand sich im Schlafzimmer, von der Seite kamen aber die lautesten Schüsse. Dort war also kein Hinkommen.

Die Kinder heulten: Papi, Papi bleib hier, geh nicht weg!

Die Zeit schien stillzustehen!

Die Atmosphäre war geräuschgeprügelt!

Irgendwann robbte sich mein Mann an den Fernsehapparat im Wohnzimmer.

Was wir von daher vernahmen, ließ uns erst sprachlos nach Luft schnappen, dann unsererseits in ein lautes Gebrüll auszubrechen, das dem ganzen Druck der vergangenen Minuten und Stunden ein Ventil verschaffte:

Der Präsident Syriens hatte seine schwere Herzoperation gut überstanden und konnte aus dem Krankenhaus entlassen werden! Das Land hatte seinen „alten Fuchs", wie er bewundernd genannt wurde, wieder, der leibhaftig für die Macht stand.

Ein Freuden-Feuerwerk für den wieder auferstandenen Präsidenten wurde abgefeuert! Die Kugelsalven waren Salutsalven und Freudenschüsse, die Soldaten verbreiteten den Freudentaumel. Waouh!

Wir waren einfach glücklich, dass die Angst ein Ende hatte, dass uns nichts passiert war, dass es keine Bedrohung mehr gab und dass die Gedanken keine Purzelbäume mehr schlugen. Wir lagen uns in den Armen und waren grenzenlos erleichtert.

So haben wir sehr dankbar die 1. Adventskerze angezündet und die Weihnachtszeit willkommen geheißen.

Frieden auf Erden und den Menschen ein Wohlgefallen!

Ganz so freudig wie die Fernsehbilder es zeigten, war die Bilanz der Freudenfeuer allerdings dann doch nicht. Es hatte – nach offiziellen Angaben – über zweihundert Tote gegeben. Passanten, die von den Freudensalven zufällig getroffen wurden, oder von den Querschlägern, Autofahrer, die von den Ereignissen genauso überrollt worden waren wie alle Menschen im Land, und sich nicht mehr irgendwohin retten konnten.

Wir sammelten am nächsten Tag die Geschosshülsen, die im Garten lagen, auf. Für die Kinder war es wie ein Ostereiersuchen der etwas anderen Art! Hier ist wieder eine – ich hab noch eine – guck mal, hier sind 2 auf einmal – und hier – und hier!!

Angst – Überleben – Freude – Dank – Leben – Lieben!

Stellen Sie sich vor, Sie müssten evakuiert werden und hätten 5 kg frei für das Nötigste.

Was wäre das Wichtigste, das Sie einpacken würden?

1 ....

2 ....

3 ....

4 ....

5 ....

A. de Saint-Exupery, der Verfasser des „Kleinen Prinzen“, hat sinngemäß die folgenden Bitten formuliert:

Bewahre mich vor dem naiven Glauben, es müsste alles im Leben glatt gehen. Schenke mir die nüchterne Erkenntnis dass Schwierigkeiten, Misserfolge, Rückschläge eine selbstverständliche Zugabe zum Leben sind, durch die wir wachsen und reifen.

Mach aus mir einen Menschen, der einem Schiff mit Tiefgang gleicht, um auch die zu erreichen, die „unten“ sind.

Verleihe mir die nötige Phantasie, im rechten Augenblick ein Päckchen Güte mit oder ohne Worte an der richtigen Stelle abzugeben.

Ziehen Sie zu sich heran, was Ihnen gut tut!

Affirmation:
Ich bin Friede, ich bin Freude, ich bin Liebe, ich bin Glück, ich bin Zuversicht, ich bin Wahrnehmung, ich bin Erkenntnis, ich bin Lachen, ich bin Farben, ich bin Kraft, …
ich bin angefüllt mit kosmischer Energie,
ich bin im Licht, das Liebe ist, –
ich bin, „der“ ich bin!
Ich bin, „die“ ich bin!

Mein Engel sagte mir:
Wenn die Menschen diesen Leitsatz allen Lebens
als Affirmation für ihr Leben übernehmen würden,
den Leitsatz, der sagt:
Ich bin im Licht, das Liebe ist – da genügt allein „der Satz“,
denn er ist eine Aufforderung an die Liebe,
in unser Sein einzutreten.

Ich bin –
ist das schöpferische Element im Menschen.
Ich bin,
„der“, „die“ ich bin, ist der Ausdruck der schöpferischen göttlichen Kraft!

Wir wollen das Licht und die Liebe visualisieren und einladen.

Oft fällt den Menschen das Visualisieren und Einladen schwer,
weil sie noch unsicher sind, es tun zu wollen,
und sich immer wieder die Frage nach dem Für und Wider stellen.

Und oft dann erschöpft aus der Unsicherheit
und den Fragen nach dem Für und Wider das eigentliche Tun
erst einmal lassen.

Und das Vertrauen, das da ist,
irgendwo in uns –
und gelebt werden will,
wird nicht wahrgenommen.

Vertrauen in das Leben –
Vertrauen in die Liebe –
Vertrauen in die Schöpfung.

Vertrauen lebt nicht auf der Basis von Beweisen.
Vertrauen will sich nicht bestätigt sehen,
sondern ist ein Teil des Seins.

Ein Gebet der Theresa von Avila[19]:

„O Herr,
du weißt besser als ich,
dass ich von Tag zu Tag älter und eines Tages alt sein werde.
Bewahre mich vor der Einbildung, bei jeder Gelegenheit
und zu jedem Thema etwas sagen zu müssen.
Erlöse mich von der großen Leidenschaft,
die Angelegenheiten anderer regeln zu wollen.
Lehre mich, nachdenklich, aber nicht grüblerisch,
hilfreich, aber nicht diktatorisch zu sein.
Bei meiner ungeheuren Ansammlung von Weisheit
erscheint es mir ja schade, sie nicht ständig weiterzugeben –
aber du verstehst, Herr,
dass ich mir ein paar Freunde erhalten möchte.
Bewahre mich vor der Aufzählung endloser Einzelheiten
und verleihe mir Schwingen, zur Pointe zu gelangen.
Lehre mich schweigen über meine Krankheiten und
Beschwerden.
Sie nehmen zu und die Lust sie zu beschreiben,
wächst von Jahr zu Jahr.
Lehre mich die wunderbare Weisheit, dass ich mich irren kann.
Erhalte mich so liebenswert wie möglich.

Ich möchte kein Heiliger sein – mit ihnen lebt es sich so schwer –, aber ein alter Griesgram ist das Krönungswerk des Teufels. Lehre mich, an anderen Menschen
unerwartete Talente zu entdecken,
und verleihe mir, o Herr, die schöne Gabe, es ihnen auch zu sagen."

Angst ist der Feind der Lebensfreude,
und Verdrießlichkeit ebenso!

Dazu gibt es das wunderbare Gedicht „**Der Verdrießliche**" von Ludwig Bechstein, in dem es heißt:

„Ich bin verdrießlich
Weil ich verdrießlich bin
Bin ich verdrießlich.
Sonn' scheint gar zu hell
Vogel schreit zu grell!
Wein ist zu sauer mir
Zu bitter ist das Bier
Honig zu süßlich
Weil nicht nach meinem Sinn
Weil ich verdrießlich bin
Bin ich verdrießlich.

Dort wird Musik gemacht
Dort wird getanzt, gelacht.
Dort wirft man gar den Hut
Wie mich das ärgern tut …

Wo ich auch geh und steh
Ich meinen Schatten seh'
Immer verfolgt er mich
Ist das nicht ärgerlich?
Und ist der Himmel trüb
Ist es mir auch nicht lieb.

…"[20]

9) Kann Glück umgetauscht werden?

Ja!

Wenn Sie bereit sind,
immer wieder neue Facetten des Glücks zu erkennen,
und vor allem,
wenn Sie erkannt haben, dass Sie selber der Urheber, die Urheberin – der Schöpfer und die Schöpferin – Ihres Glückes sind.
Wenn Sie beginnen, sich mit der Betrachtung auseinanderzusetzen:

„Das einzig Beständige im Leben ist die Veränderung."

Jetzt kriegen Sie keinen Schreck, Sie sollen nicht Ihr ganzes Lebensgefüge samt Ehemann oder Ehefrau und Kindern über den Haufen werfen. Die Veränderung vollzieht sich ja in vielen Teilen ganz von selbst

– und das Bewusstsein?

Blicken Sie in die Natur und sehen Sie, wie wundervoll sich hier die ständigen Veränderungen vollziehen. Ein immerwährendes Wachsen und Reifen, ein Aufblühen und Verblühen, ein Vorstoßen und sich Zurückziehen.
Jahr für Jahr, für immer mehr Größe und Bewusstsein. Aus kleinen Pflänzchen werden große, starke Pflanzen – Büsche und Bäume! Jahresringe sind zu zählen an den Bäumen!

Leben ist Veränderung!

Das Wissen um die eine sichere Komponente im Leben, die in der Veränderung liegt, bedeutet:
die Herausforderungen annehmen, die mit jeder Veränderung einhergehen, und sie für sich selbst passend zu machen.
Stimmig zu machen, dass sie mit unserer Lebenssituation übereinstimmen können.

Dass ein Baby zu einem erwachsenen Menschen heranwächst, dokumentiert diese Entwicklung in ihrer ganzen Vielfalt und Schnelligkeit – was für Entwicklungen gehen da in 20 Jahren ab!

Und es ist die Aufforderung, das zu verändern, was wir selber gerne verändern möchten.

Was wir erfahren möchten.
Das Gefühl in die Handlung umzusetzen.

Das fängt an mit dem Umsortieren des Kleiderschrankes beim Übergang vom Winter zum Sommer – und umgekehrt –, und geht über das Aussortieren zu klein gewordener Kleider, oder solcher, die ihren Dienst getan haben, um neuen Stücken Platz zu machen, weiter.

Jeder Mensch lebt in einem anderen Schwingungskreis seiner Bewusstheit.
Dessen woran er glaubt, was seine Werte und Richtlinien sind, dessen, wozu seine Erziehung und sein Umfeld ihn geprägt haben.

Die „Art und Weise" zu denken ist ein besonders wichtiger Punkt zum Glück.

Unsere „Festplatte" im Gehirn speichert jeden Gedanken ab.
Auch die weniger netten Gedanken sind dort alle wohl vermerkt und können sich wieder in Bewegung setzen, wenn Sie nicht sorgfältig abgerufen oder bewusst gelöscht werden.

Kinder sind ganz erfüllt von ihren Gedanken – die intuitiv kommen – und stehen 100%-ig hinter dem, was sie wünschen und fordern.

Diese Kraft der Gedanken – selbst der Gedanke sein – bringt sie so schnell ans Ziel ihrer Wünsche.

Da tun wir Erwachsenen uns oftmals viel schwerer, denn uns ist unser Ego oft im Wege.
Das, was sie denken und wünschen – die Kinder –, das bekommen sie meistens.
Und auch wir Erwachsene bekommen „das, was wir denken" – aber nicht alle Leute sind sich darüber bewusst. Dass es nämlich ihre eigenen Gedanken sind, die sich in Bewegung setzen – und die manchmal wie ein Bumerang zurückkommen. Weil diese „Bumerang-heftigen" Sachen nämlich genau von der Person gedacht wurden, zu der sie zurückkommen.

„Gedanken-Hygiene" war ein Wort, über das ich gelacht habe, als ich es zum ersten Mal hörte. Und beim näheren Hinsehen und sich bewusst machen, was Gedanken sind, was sie ausrichten und anrichten können – und zu was sie werden – ist höchste Sorgfalt im Umgang mit ihnen angebracht.

Bewusstsein. Sich über die Tragweite der Gedanken klar sein. Und Reinheit dazu.

Die Drogeriemärkte boomen und die Putzmittelangebote sind so zahlreich, dass die Auswahl schwer fällt – es soll funkeln und blitzen an Fenstern, Böden, Mauern – „sauber" ist ein Markenzeichen und ein Qualitätsprädikat.

Wie putze ich schmutzige Gedanken weg?

Schreiben Sie die ungeliebten Gedanken auf zwei DIN-A4-Seiten und verbrennen Sie sie. Das ist eine Möglichkeit.

Verbieten sie Ihnen den Aufenthalt bei Ihnen:
„Diesen Gedanken … ist der Aufenthalt bei mir verboten!"
Entziehen Sie den entsprechenden Gedanken die Energie, d.h. denken Sie nicht mehr an sie – schenken Sie ihnen keinerlei Beachtung mehr.

Wenden Sie sich anderen Gedanken – positiven – zu.

Nicht umsonst gibt es die Parole „Think pink" – Denk rosa – setz die rosarote Brille auf deine Gedanken – was einfach nur heißen soll: „Stell dir deine Angelegenheiten so positiv, warm und rosa vor, dass du dich wohl fühlst darin", und setze sie entsprechend in Bewegung!

Auf das „Wohl fühlen" kommt es an, das wissen wir ja inzwischen – keine Ellenbogen - und keine „krummen Dinger-Gedanken" bitte, der Bumerang kommt sonst mit Sicherheit zurück – und meistens dann, wenn Sie überhaupt nicht damit rechnen.

Darum:
wahr sein in Handlungen und Gefühlen
und Wahrheit erkennen lassen!

Erkennen, dass jeder Einzelne von uns immer nur seine eigene Wahrheit leben kann!
Wir können die Wahrheiten anderer Leben, wie die der Freunde und Familie, erkennen, „leben", aber können wir immer nur unsere eigene Wahrheit!

Wir können ändern und verändern für uns selbst!
Das können wir aber nicht von unserem Partner für uns verlangen.

Affirmation:
Ich bin Wahrheit
Ich bin Ehrlichkeit
Ich bin Achtung

Nimm dir Zeit, lehrt uns eine irische Weisheit[21]:

„Nimm dir Zeit, um zu arbeiten,
es ist der Preis des Erfolges.

Nimm dir Zeit, um nachzudenken,
es ist die Quelle der Kraft.

Nimm dir Zeit, um zu lesen,
es ist die Grundlage des Wissens.

Nimm dir Zeit, um freundlich zu sein,
es ist das Tor zum Glücklichsein.

Nimm dir Zeit, um zu träumen,
es ist der Weg zu den Sternen.

Nimm dir Zeit, um zu lieben,
es ist die wahre Lebensfreude.

Nimm dir Zeit, um froh und glücklich zu sein,
es ist die Musik der Seele."

Selbstvertrauen üben:

Keine Zweifel hegen,
sondern Sicherheit fühlen, da, wo Sie sicher sind.

Ehrlich zu sich selbst sein und wahr für die Mitmenschen.

Selbstvertrauen besteht aus:
Gewissheit, Selbstsicherheit und Selbstwert.

Mit Vergnügen leben,
das ist gerne und freudig leben.

„Das Wissen um das eine Dauerhafte im Leben, das die Veränderung ist!"

„Das gelungene Ziel" ist nach dem Gedicht angesagt!

Und:
Achtung – keine Gedankenfallen einbauen –, das könnte den schönsten Wunschbaum zu Fall bringen, wie z.B. diesen hier:

Der Wunschbaum[22]

Ein Wanderer macht nach einem anstrengenden Tag Rast. Er setzt sich unter einen alten Baum und gönnte seinen müden Füßen Ruhe. „Wie schön", denkt er, „wäre jetzt ein kühler Trunk", – da steht auch schon eine Karaffe vor ihm.

Der Wanderer ist erstaunt, nimmt aber einen tiefen Schluck und denkt erfrischt: „Wie schön wäre jetzt ein Mahl dazu." Im nächsten Moment steht vor ihm ein Tisch, sauber gedeckt, mit feinem Geschirr und köstlichen Speisen.

Der Wanderer betrachtet die Tafel und denkt: „Ein bequemer Sessel könnte gut sein", da kann er auch schon Platz nehmen. Er isst und trinkt, wünscht sich Musik dazu, und als die Dämmerung hereinbricht, einen Kerzenleuchter.

Als er sich erfrischt und gestärkt hat, denkt der Wanderer: „Wenn ich jetzt ein Bett hätte, wie schön wäre das." Da liegt er auch schon auf einem weichen Lager. Und kurz bevor er einschläft, denkt er noch: „Wenn jetzt der Bär kommt …!"

„Das gelungene Ziel"

8 Punkte für die Veränderung:

1 ……………………………………………………………

2 ……………………………………………………………

3 ……………………………………………………………

4 ……………………………………………………………

5 ……………………………………………………………

6 ……………………………………………………………

7……………………………………………………..

8……………………………………………………..

Affirmation:
Meine Welt kann sich maßgeblich erneuern, ich bin bereit sie zu erfahren!

Mord in Nairobi!

Pflanzenschutzkongress abgesagt!

Frühjahr 2003:
Vorgestern Abend wurde der Organisator des diesjährigen Pflanzenschutz-Kongresses in Nairobi, ein Kollege meines Mannes, den er gut kannte und sehr schätzte, am frühen Abend um 19.30 Uhr vor seinem Haus in Nairobi erschossen.

Politische und arbeitsbedingte Hintergründe wurden nach ersten Ermittlungen ausgeschlossen – man ging von einem „normalen" Raubüberfall aus. Bei einem solchen Überfall hat das Opfer schnellstens und ohne eine Sekunde zu überlegen jegliches Bargeld, Autoschlüssel und Handy zu übergeben – andernfalls wird hart und erbarmungslos „nachgeholfen"!

Der Kollege hatte kein Handy und nur sehr wenig Geld bei sich – ob er vielleicht eine falsche Bewegung gemacht hat oder falsch verstanden wurde – man weiß es nicht.

Das Modell solcher Raubüberfälle ist meistens sehr ähnlich. Bis auf wenige Ausnahmen sind in den verschiedenen afrikanischen Ländern die Häuser und Gärten mit hohen Mauern vor den Blicken der Umwelt abgeschirmt. Die Höhe dieser „Gartenzäune" variiert zwischen 0,80 cm und 3,50 m – Ausnahmen sind sogar noch viel höher.

Die Gartentore und Haustüren öffnen sich in der Regel von Menschenhand und einheimischem Personal. Es gibt von Stadt zu Stadt verschiedene einheimische Wach- und Schließgesellschaften, die ihr Personal überwachen.

Oft passieren die Überfälle, wenn sich die Gartentore für das einfahrende heimische Auto öffnen und das Überfallkommando, ebenfalls im Auto, sich direkt an das einfahrende Fahrzeug angeklemmt hat – und mit einfährt. Im Garten wird dann das Opfer meist noch im Auto überwältigt.

Einer Freundin von uns, die in Kenia aufgewachsen ist, passierte vor einigen Jahren, sie war im 8. Monat schwanger, genau dasselbe wie diesem Opfer. Sie händigte den maskierten Räubern ihre Handtasche mit den Schlüsseln zum Haus, dazu die Autoschlüssel sofort aus, bot an, auch ihr Hemd auszuziehen, um zu zeigen, dass nichts mehr zu holen sei, und flehte um Gnade für sich und ihr Kind.

Sie hatte Glück im Unglück, denn man ging in Anbetracht ihres Zustandes sehr höflich mit ihr um. Sie wurde für eine Zeit im Keller des Hauses eingesperrt, während die Räuber das Haus durchsuchten und das Personal in Schach hielten.

Glücklicherweise kam sie mit dem Schrecken davon – ganz im Gegensatz zu ihrer Mutter, die 4 Jahre nach dem Überfall auf die Tochter auf dieselbe Weise attackiert wurde. Die Mutter händigte Handtasche und Geld zwar aus, warf aber den Autoschlüssel in hohem Bogen in den Garten, um das Auto zu retten.

Das hätte sie nicht tun sollen!

Sie wurde dafür so brutal zusammengeschlagen, dass sie Monate im Krankenhaus verbrachte und noch heute – Jahre nach dem Vorfall – therapeutische Unterstützung braucht, um mit ihren Ängsten leben zu können.

Laut Statistik gibt es in Nairobi pro Woche 40 solcher Raubüberfälle auf Autofahrer, wobei ca. 20 Menschen ermordet werden. Nairobi gilt inzwischen neben dem nigerianischen Lagos und dem südafrikanischem Johannisburg als eine der gefährlichsten Städte Afrikas.

Der Grund für die seit Jahren ständig ansteigende Kriminalität ist die „Verelendung“ der Menschen. Die Landflucht, Zeichen für die Abwanderung der meist jüngeren Leute in die Großstadt mit dem Traum dort zu arbeiten, mehr Geld zu verdienen als „im Busch“ mit Ackerbau und Viehzucht, endet meistens in einem Kreislauf von Ausbeutung und Kriminalität. Die Leute kommen mit guten Absichten und landen in einem gnadenlosen Überlebenskampf, in dem sie sich für das tägliche Essen erpressbar machen müssen.

Heute leben mehr als doppelt so viele Einwohner in Nairobi wie noch vor 10 Jahren, die meisten von ihnen hausen ohne Arbeit und Perspektive in Slums – „käuflich" für das tägliche Brot und das Überleben!

Obendrein wird die kenianische Polizei als eine hochkorrupte Truppe bezeichnet. Man sagt, viele Beamte stellen für Überfälle ihre Waffen zur Verfügung oder beteiligen sich selbst daran.

Dass schon kleinste Kinder zu Taschendieben ausgebildet werden, ihr Leben auf der Flucht damit vorprogrammiert ist und anschließende Entwicklungen nur noch schrecklich sein können … ist höchst bedrückend.

Perspektiven, wie sie härter nicht sein können.

10) Wie viele Stunden muss ich dafür arbeiten?

Wie viele Stunden Sie arbeiten müssen, bis Sie endlich glücklich sein dürfen?

Am besten, so viele wie Sie brauchen, um sich abzugewöhnen die Stunden dazu zu zählen.
Zu tun und zu verwirklichen, was Sie tun wollen,
um Ihr Glück funkelnd und farbig zu gestalten –
und zwar jetzt gleich! Sofort anfangen damit!

Denn – das ist das Wichtigste, dass Sie sofort anfangen, glücklich zu sein.
Jetzt anfangen,
ohne Stunden – Tage – Monate – Jahre – darauf hinzuarbeiten.

Ziehen Sie Ihr Glücklichsein mit einer Gedanken - Kur zu sich heran

Die Gedanken-Kur:
7 Schritte vom positiven Denken zum positiven Leben.

7 Schritte vom positiven Denken zum positiven Leben: vom Sein zum Glücklichsein[23]

positiv denken: bringt Vertrauen und Humor
positiv fühlen: bedeutet sich wert fühlen und genießen
positiv wollen: heißt lernen und verstehen
positiv reden: bedeutet danken, segnen und helfen
positiv handeln: ist zur rechten Zeit am rechten Ort das Richtige tun
positives Bewusstsein: heißt Wahrheit und Wirklichkeit zu leben
positives Leben: bewirkt das Leben zu lieben und zu danken

Einen Menschen lieben, ihn so zu sehen, wie die Schöpfung ihn gemeint hat, setzt positives Denken voraus.

Körper, Geist und Seele sind dreieinig.
Entscheidungen daraus sind nicht immer einig.
Der Körper will das eine,
der Geist das andere,
die Seele will noch etwas anderes.

„Der oder die hat sie doch nicht mehr alle …“, ist dann oftmals die Reaktion der Umwelt darauf – schnelles Urteil, das den Kern der Dinge nicht trifft.

Die Logik, die für den Geist steht,
die Intuition, Sender von Seelenangelegenheiten,
und die Emotionen, in die die Gefühle des Körpers verpackt sind, bergen das Potenzial für innere Konflikte.

Wir müssen alles das, was wir nicht verstehen, erleben.

Aber wir können uns Begleitschutz holen.
Wir können uns und unsere zu klärende Angelegenheit und alle Beteiligten segnen. Wir können unsere Intuition befragen, und um Lösung bitten und unsere Schutzengel zur Hilfe rufen. Um einfach zu fragen:

Was soll ich tun?
Was bringt mich weiter?
Wie gehe ich vor?
Wie finde ich die Entscheidung, die gut ist für mich und das große Ganze?

In diesem Moment muss das Ego klein beigeben und die Führung des übergeordneten Planes kann aktiv werden.

Hören Sie auf Ihre Eingebungen!

Beachten Sie Visionen, die sich in solchen Momenten auftun!

Wie ein Flash!

Entscheidungshilfe:

Wahrnehmen,
erkennen,
annehmen.

Der persönliche Weg ist die Aufgabe!

Vorstellung:
Stellen Sie sich vor, Sie kommen an eine Weggabelung. Sie können sich weder für den einen noch für den anderen Weg entscheiden.

Was tun Sie?

Bitten Sie, wenn Sie an der Weggabelung stehen, um Führung.
Bitten Sie um Hilfe, um Führung und Einsicht, und
haben Sie Vertrauen!

Achten Sie darauf, was Sie als erstes empfinden werden.
Achten Sie auf den Impuls und die Mitteilung.
Seien Sie sich bewusst über den empfangenen Impuls.

Und unterscheiden Sie ihn von Ihrem Ego,
das sich gleich danach wieder meldet!
Oftmals fängt es seine Mitteilung mit „aber …“ an!

Der Impuls, die Intuition ist immer situationsbedingt.

Affirmation:
Ich tue, was getan werden muss für den Erfolg,
ich habe alle Vorbereitungen verinnerlicht,
ich segne meine Schritte
und ich bitte um Geleitschutz!
Ich handle der Situation entsprechend
mit Herz, Verstand und Intuition,
und ich nehme Abstand von alten Mustern.

Ein Versuch ist nur die halbe Handlung –
es ist das Ziel vor Augen haben – und davor stehen bleiben.

3 Gründe für Leiden

„Buddha“ sagte einmal folgendes:
Es ist wahr, es gibt „Leiden“.

Das Leiden entsteht aus 3 Gründen:

1. Indem wir bekommen, was wir nicht haben wollen.
2. Indem wir etwas wollen, was wir nicht bekommen können.
3. Indem wir uns nicht zwischen beiden entscheiden können!

Affirmation:
Ich nehme meine Herausforderungen einfach an!

Die Spiegel unseres Wesens sind die Menschen, die uns umgeben: Familie, Freunde, Kollegen, Bekannte, Feinde!
Wir sind mit unseren Eltern zusammengebracht worden, um der gegenseitigen Erfahrungen wegen. Unsere Eltern sind unsere Spiegel, genau wie wir den Eltern Spiegel sind!
Genauso wie es die Menschen, mit denen wir uns umgeben, mit denen wir zusammenarbeiten oder mit denen wir „zufällig“ zusammengebracht werden, sind.

Jeder Mensch, zu dem ich in einer Konfrontation
– einer schönen, oder unschönen Beziehung – bin,
ist mir ein Spiegel und ein Lehrmeister!
Wir werden zusammengebracht, um gemeinsam lernen zu können. Um miteinander etwas zu erfahren.

Wir sollten uns nicht länger nach anderen Menschen richten, die wir als größer und bedeutender ansehen als wir selbst es zu sein meinen!
Auch nicht nach denen, die wir als geringer ansehen,
denn wir richten uns nach ihnen, wenn wir uns geringschätzig und abfällig über sie äußern.

Wir schmälern unsere Größe sehr, wenn wir unsere Nachbarn oder Nächsten kritisieren! Wo immer Vorwurf und Beschuldigung herrschen, ist noch viel Selbsterkenntnis zu erforschen.

Wir wollen das Licht in uns erwecken und machen uns durch Kritik und Urteilen klein!

Das ist oft zum Weinen –
bestenfalls aber zum Lachen,
denn
Lachen ist Balsam für die Seele!
Und
über sich selbst lachen,
zeugt von Humor!

Wie Joachim Ringelnatz beschreibt:

„Du,
der du meine Wege mit mir gehst,
jede Laune meiner Wimper spürst,
meine Schlechtigkeiten duldest und verstehst –
weißt du wohl, wie oft du heiß mich rührst?

Wenn ich tot bin, darfst du gar nicht trauern
meine Liebe wird mich überdauern
und in fremden Kleidern dir begegnen
und dich segnen.

Lebe gut, lache gut!
mache deine Sache gut!“[24]

„Die Zeit ist kein Kalender, sondern ein Fluss, eine ständige, sehr gleichmäßige Wellenbewegung, in der zu leben leicht oder schwer sein kann. Wer im Meer schwimmt, merkt, dass er sich eine Stunde lang mühelos hält, wenn es ihm gelingt, sich dem Rhythmus der Wellen einzufügen, und dass er nach einer Stunde am Ende seiner Kraft sein kann, wenn ihm dies nicht gelingt.

Damit aus den drei Einheiten eine Dreiheit wird, sollten wir mit dem Fluss schwimmen. Statt einen Damm in den Fluss zu bauen oder zu versuchen den Fluss zu beschleunigen, geht es darum, dass die Dinge so fließen, wie sie fließen sollen, und wir mit dem Fluss gehen!

Wer den Schritt seines Pferdes nicht aufnimmt, wird nie ein Reiter.“

Jörg Zink[25]

Affirmation:
Ich bin jetzt bereit, das Leben in seinem Lebensfluss zu erfahren!

Betrachtungen:

Sympathie und Antipathie sind ein Ying und Yang der Liebe. Sie wohnen auf derselben Welle!

Freundschaft:
Sie ist der höchste Begriff freiheitlicher Liebe unter den Menschen. In Freundschaft erkennen wir den anderen an, so, wie er ist, mit all seinen Unebenheiten. Wir nehmen ihn für „voll und ganz".
Nur unsere Partner, die wollen wir erziehen und verbessern. Wir sehen sie als einen Teil von „uns" und das Ganze sind wir – denken wir!

Und das bringt nicht nur Freude, sondern auch Schmerzen!
Aber so grotesk es klingt,
Schmerz muss auch sein, er dient dem Fortschritt!

„Das Kücken kann erst schlüpfen, wenn das Ei zerbrochen ist!" Es klingt hart und fühlt sich weicher an, wenn wir uns den Schmerz genau betrachten.

Ein Kind, das sich eine Beule schlägt, lernt die Konsequenzen kennen, und macht eine Erfahrung. Es wird sich auf dieselbe Weise keine 2. Beule schlagen.

Jeder von uns kennt Wachstumsschmerzen. Der Körper will größer werden, sich ausdehnen, wachsen – ein Prozess des Reifens, der wehtut. Unangenehme Erlebnisse, die Schmerzen und Tränen verursachen, müssen „verarbeitet" werden. Wir haben daran zu schaffen und zu arbeiten, bis wir bereit sind, Verarbeitetes zu verabschieden und damit Raum für Neues zu gewinnen.

Sich die andere Seite der Angelegenheit zu betrachten, in der das eigene Ego nicht die Hauptrolle spielt um Verständnis für andere Positionen zu entwickeln!

Liebesschmerz, Sehnen, Leid und Nervenkitzel sind keine Wachstumsschmerzen. Sie entstehen aus der Bewertung. Aus Meinung und Urteil, aus Klatsch und Tratsch.

Affirmation:
Ich gebe mich jetzt einfach dem Leben hin!
Alle Menschen sind in ihrem tiefsten Inneren gleich!

In dem folgenden Bericht hatte das Leid und der Nervenkitzel noch weitere Dimensionen – und das Gefühl für alle Zuhörer war kein angenehmes! Das Geschehen musste jeder für sich verarbeiten.

Abschiebeflug

Wir hatten unseren Heimaturlaub in Deutschland verbracht und waren in Paris in das Flugzeug nach Afrika eingestiegen. In derselben Maschine, in der letzten Reihe, befand sich eine aus Frankreich ausgewiesene Kamerunerin nebst Sicherheitsbeamten.

Sie schluchzte und schrie herzerweichend, seit sie das Flugzeug bestiegen hatte, indem sie die arme Geschichte ihres dramatischen Lebens über den Köpfen der erschrockenen Passagiere ausschüttete und immer wieder um einen Prozess in Frankreich und nicht in Afrika bat, da sie sonst in ihrem Land nicht mehr lange zu leben hätte.

„Ich habe nicht getötet – – ich habe nicht gestohlen!“, kam es in schrillen Schreien immer wieder – in einer Frequenz, die Scheiben zum Vibrieren bringt.

Mein Mann und ich guckten uns nur wortlos und entsetzt an, wohl wissend, dass das, was diese Frau in Afrika erwartete, genauso sein würde, wie sie es gerade so schrill beschrieb.

Das Personal der Fluggesellschaft zeigte im Gegenprogramm die Sicherheitsvorkehrungen, konnte aber mit der Lautstärke der Kamerunerin nicht mithalten, sodass schleunigst Ohrhörer für die Radioprogramme an die Passagiere verabreicht wurden.

Die Ohrhörer konnten für keinen Programmwechsel sorgen. Die Passagiere fingen an sich zu beschweren, alle waren gedeckelt, bedrückt, schockiert und angerührt von den Ausführungen der Gefangenen, die auch von den 3 zu ihrer Begleitung eingesetzten Sicherheitsbeamten, nicht „beruhigt“ werden konnte.

Die Mitreisenden schlugen entnervt vor, die Gefangene doch in die 1. Klasse zu expedieren, (wir saßen alle in der so genannten „Holzklasse“), oder sie in anderes Flugzeug zu bringen oder sie am besten ganz frei zu lassen!

Die wiederholte Ansage des Kapitäns, dass die Maschine gleich starten würde – das Szenario dauerte bereits über eine Dreiviertelstunde – hatte nichts Verlockendes, den Fluggästen wurden von der schluchzenden Frau gerade die Zustände in afrikanischen Gefängnissen beschrieben, ob sie es hören wollten oder nicht – und danach hatte man nur noch das Empfinden auch heulen zu wollen oder am liebsten aussteigen – das wollten denn auch einige Leute !

Der Tumult war im Gange, die Gefangene verkündete unter Schluchzen, dass sie sterben wolle, hier und jetzt und nicht später – da kam endlich der Kapitän angesegelt und nahm es mit der Stimmstärke der Frau auf! Ob ihr gleichzeitig Valium oder ein anderes Betäubungsmittel verabreicht wurde, weiß ich nicht – auf einmal war jedenfalls nach dem Gebrüll auf beiden Seiten Ruhe – nur die Atmosphäre war noch von dem Nachhall der Schreie aufgeladen, die kreisten wie Flugzeuge – wohl nicht nur – in meinem Bauch.

In Afrika angekommen, und kein Koffer verloren gegangen, erlebten wir gerade noch den Sonnenuntergang hinter den Bergen in diffusem rosa-lila Licht, und stellten einmütig fest: „Da sind wir wieder“ – wir sind wieder „da“.

Es war ein gutes Gefühl, und als Paul uns durch den dichten Abend-Verkehr ins Stadtzentrum und dann in unser Wohnviertel kurvte, dabei die Neuigkeiten der letzten Wochen erzählte, waren wir bereits wieder in die afrikanische Welt eingetaucht.

In die „andere Heimat“!

11) Kann ich einen Dauerauftrag für Glücklichsein aufgeben?

Ja!

Wie Sie das machen?

Indem Sie ihr Selbstwertgefühl „Ihr inneres Ich“ – ihre Seele – wahrnehmen, indem Sie sie wiegen – und pflegen! „Ihre“ leise Sprache erkennen und diesem unsichtbaren Wesen so viel Pflege und Zuwendung zukommen lassen wie einem Baby oder einem kleinen Kind.

Indem Sie seine Wünsche erfüllen, damit „es“ zufrieden und glücklich ist.

Stellen Sie sich eine Kutsche vor mit zwei Pferden davor, einem Kutscher auf dem Bock und einem Fahrgast im Inneren der Kutsche.

Nehmen wir an,

die Kutsche steht sinnbildlich für Ihren Körper und Ihr äußeres Erscheinungsbild,

die Pferde	für Ihre Freunde, Ihre Familie, Ihr Umfeld,
der Kutscher	für Ihr Ego, Ihren Willen, Ihre Absicht,
der Fahrgast	für Ihre Seele, für Ihr Innenleben.

Die meisten von uns kennen Kutschen von königlichen Hochzeiten oder Beerdigungen oder aus reitsportlichen Veranstaltungen.

Sie bietet einen beeindruckenden Anblick:
die Kutsche mit den Pferden davor,
der Kutscher auf dem Bock,
und der Prinz oder die Prinzessin,
der König oder die Königin
oder beide zusammen im Inneren der Kutsche.

Dass ein Fahrgast überhaupt transportiert werden kann, hängt von dem perfekten Zusammenspiel und dem reibungslosen Zusammenwirken zwischen dem Kutscher und den Pferden sowie einer gut gepflegten Kutsche ab. Ein Gefährt, bei dem die Räder wackelig sind, oder nur eine Holzspeiche angeknackst ist, wo die Deichsel nicht geölt ist oder die Kutschentür nicht richtig in den Angeln hängt – bedeutet Unfallgefahr für den Kutscher, die Pferde, und den Fahrgast. Für den Fahrgast besonders, da er im Wageninneren den Aktionen draußen ausgeliefert ist.

Wenn die Kutsche auseinander bricht, ist es nicht nur ein herber materieller Schaden für den Kutscher, sondern auch eine lebensgefährliche Situation für den Fahrgast. Von schweren Verletzungen der Pferde ganz zu schweigen.

Ein guter Kutscher kennt seine Pferde genau. Es ist in aller Regel er selbst, der die Pferde ausgebildet hat, der mit ihnen gearbeitet hat und der sich in dieser Zusammenarbeit das Vertrauen der Pferde erworben hat.

Die Pferde wiederum wissen genau was sie zu tun haben, wissen besonders auch die Sprache ihres Trainers einzuordnen und die Kommandos und Übergänge zwischen weichen und harten Tönen zu unterscheiden. Sie kennen das Lob und den Dank für gelungene Aktionen und damit den Ansporn zu weiteren Unternehmungen.

Lernen und gelobt sein, und durch den Spaß daran wachsen – das drückt sich auch in der schönen Körperhaltung der Tiere aus. Die Pferdepflege ist überdies eine Zeit der täglichen gegenseitigen Aufmerksamkeit. Die Pferde lieben es gebürstet und gestriegelt zu werden – die Aufmerksamkeit ist im gegenseitigen Austausch – Streicheleinheiten und Pflegeeinheiten mit jedem Bürstenstrich! So ausgebildet werden sie alles tun, die Pferde, um mit ihrem Menschenfreund und Lehrer ein gutes Gespann abzugeben.

Der Kutscher und Pferdefreund wiederum wird alles daran setzen, dass die Kutsche, die seine Tiere ziehen sollen in einwandfreiem Zustand ist, damit sich die Pferde weder verletzen, noch erschrecken oder scheuen, wenn etwas zu Bruch ginge – um sein eigenes Kutscherleben zu schützen, und ganz besonders, damit der Fahrgast – der Auslöser der Unternehmung – im Inneren der Kutsche eine gute Reise hat, und viel Spaß und Freude daran.

Wenn der Fahrgast im Inneren der Kutsche mit dem inneren Wesen eines jeden Menschen identisch ist, dann:

können Sie sich eingeben in Ihr Inneres und auf die innere Stimme hören.

Intuition bringt in die Medialität, in das Medium in uns.

Wie wir bereits wissen, kommt sie aus der Gegenwart, ist situationsbedingt und dient immer nur dem jeweiligen Moment und der Entscheidung der gerade anliegenden Situation.

Deshalb knüpft das Medium in uns nicht an gemachte Erfahrungen an.

Das Medium in uns:
Meditation bedeutet bei sich selbst zu sein, in Ruhe,
und bereit, die innere Stimme wahrzunehmen.
Sie ist Geborgenheit in der eigenen Mitte.
Unter der Voraussetzung,
dass wir alle Gedanken, die im Kopf schweben, vorüberziehen lassen,
ihnen keine Aufmerksamkeit schenken
und unsere Konzentration auf den Atem lenken.

Einatmen, Ausatmen!

Was passiert,
wenn wir den Atem anhalten?
Welches „Getriebe" beatmet uns?

Bis wir das herausgefunden haben, gehen wir ein Stück mit Hermann Hesse spazieren, um dann zu einer ganz besonderen Geschichte zu kommen. Er schildert in seinem Gedicht „**Voll Blüten**" den in heller Blüte stehenden Pfirsichbaum und springt über zu den Gedanken:

„… Wie Blüten gehen Gedanken auf,
hundert an jedem Tag –
lass blühen!
Lass dem Ding den Lauf!
Frag nicht nach dem Ertrag!

Es muss auch Spiel und Unschuld sein
und Blüten Überfluss,
sonst wär' die Welt uns viel zu klein
und Leben kein Genuss …"[26]

Kunst für Kunst

Kunst für Kunst war eines der schönsten Kunstprojekte, an denen ich mitgearbeitet habe. Kunst für Kunst bedeutete hier: Europäische Kunst für afrikanische Kunst.

Dazu gekommen ist es, weil ich das Glück hatte, den König von Quidah kennen zu lernen, weil Gespräche und Gedanken mit ihm die Idee wachsen ließen, ein gemeinsames Projekt zu entwickeln. Das gemeinsame Projekt, das sich dann herauskristallisierte, wurde ein Projekt der Kunst, in dem das Zusammenwirken und der Ideenaustausch von europäischen und afrikanischen Künstlern die Basis sein sollte.

Der König von Quidah ist der König der gleichnamigen Stadt und der König und Hüter des heiligen Waldes von Quidah. Der Teil der Westküste Benins, an dem die kleine Stadt Quidah liegt, nennt sich route de pêche, Fischerroute, oder, wegen ihrer traurigen Vergangenheit, Sklavenküste.

Die Königreiche in Benin lebten vom Handel mit Menschen – vom Sklavenhandel. Von hier legten die Sklavenschiffe mit Kurs auf Haiti und Brasilien ab.

Es wird erzählt, dass viele Menschen auf der Flucht vor ihren Häschern im heiligen Urwald von Quidah Zuflucht gesucht haben. Es wird weiter erzählt, die Schlangen des Waldes hätten die Häscher in die Flucht getrieben, den Verfolgten aber Schutz gewährt. Darum wurden die Schlangen des Waldes für „heilig“ erklärt und es wurde ihnen ein eigener symbolischer Tempel in Quidah errichtet.

Seit 1992 steht ein großes Mahnmal dort am Strand, wo einstmals viele Menschen der Region auf Nimmerwiedersehen auf Schiffen verschleppt wurden. Die U.N.E.S.C.O. gab dem Denkmal den Namen: „Tor der Nicht-Wiederkehr.“

1993 fand das erste offizielle und international anerkannte Voodoo-Festival unter dem Titel „Quidah 92 – Retrouvailles Amerique-Afrique – Quidah“ statt. Bei diesem großen Fest trafen sich die Nachfahren jener, die einstmals ihre Landsleute als Sklaven nach Übersee verkauft hatten – und diese trafen sich auch mit den Nachkommen der verschleppten Sklaven und deren Verwandten. Die Nachfahren der Sklavenfänger des Königreiches von Abomey zeigten auf dem Versöhnungsfest ihre geerbten Ehrenabzeichen der Sklavenfänger – denn das Königshaus schlug seinerzeit einen großen Profit aus dem Sklavenhandel.

Seitdem findet im alljährlichen Gedenken an vergangenes Geschehen am 10. Januar, im Rahmen eines staatlich angesetzten Feiertages, das Voodoo-Fest vor den Toren der Stadt Quidah und vor dem „Tor der Nicht-Wiederkehr" am Strand des Atlantischen Ozeanes statt.

„Kpassenon, der König von Quidah und König des heiligen Waldes" ist der oberste Priester des Voodoo in Westafrika. Niemandem außer ihm und seinen „Eingeweihten" ist der Zutritt in den heiligen Wald gestattet, es sei denn auf seine Einladung hin und in seiner Begleitung.[27]

Der Werdegang dieses Königs ist für unser Verständnis sagenhaft – für Afrika aber eine ganz normale Geschichte:

Kpassenon hatte Motorradmechaniker gelernt und arbeitete in diesem Beruf. Eines Nachts träumte er, dass zwei Leoparden zu ihm kamen, die ihm ankündigten, er würde der neue König des heiligen Waldes werden. Irritiert suchte er den amtierenden König auf und erzählte ihm von seinem Traum.

Der König wollte einen Beweis für die Botschaft haben, und so gingen die beiden zusammen in den heiligen Wald. Als sie in dem mit riesigen Bäumen bestandenen Urwald waren, zog auf einmal ein schwerer Sturm auf. Es stürmte so gewaltig, dass einer der großen Bäume vor ihnen zu Boden krachte.

Dieses Geschehen wurde als „Zeichen" gewertet. Das Zeichen wurde diskutiert und das Orakel befragt.

In Afrika wird in allen „Gewissensfragen" und Entscheidungen von großer Tragweite – in der Politik wie bei Familienentscheidungen – das Orakel befragt.

Das Orakel beorderte die beiden Männer 2 Wochen später, am 14. Juli 1988, erneut zu einem Gang in den heiligen Wald.

Wieder brach ein tosender Sturm aus. Er war noch heftiger als der erste. Die Männer mussten sich auf den Boden werfen und festhalten, um nicht von den Sturmböen weggewirbelt und verletzt zu werden. Als der Sturm dann, genauso schnell wie er losgebrochen war, sich wieder legte und die Männer zur Besinnung kamen, stellten sie fest, dass der Baum, der vor 14 Tagen vor ihren Augen gefallen war, wieder aufrecht stand.

Der Baum stand wieder in ganzer Größe vor ihnen!

Dem alten König waren diese Geschehnisse Beweis und Hinweis genug, den Traum des Jüngeren als Aufforderung zur Ablösung zu sehen – und so erklärte er kurz danach Kpassenon zum neuen König des heiligen Waldes und zum König von Quidah.

Nach dem Verständnis des Voodoo beherbergt der heilige Wald die Seelen der Verstorbenen. Die „Eingeweihten" des Königs sind diejenigen seiner engsten Vertrauten, die in die größten geistigen Zusammenhänge zwischen Himmel und Erde und in die entsprechenden Praktiken des Voodoo eingewiesen und eingeweiht sind. Ein Teil der Aufgaben der Eingeweihten – die im täglichen Leben einer normalen Beschäftigung nachgehen, wie jeder andere Bürger auch – ist es, den Verstorbenen Gesellschaft zu leisten und somit mit der „anderen Welt" in Kontakt zu sein!

Als 1993 in Quidah das Internationale Festival des Voodoo abgehalten wurde, fand dies in Aussöhnung mit dem Sklavenhandel statt, und um die Welt auf das außergewöhnliche Kulturerbe aufmerksam zu machen, dass das Kulturerbe „die gelebten Traditionen und Riten des Voodoo" sind.

Und noch ein Geschenk wurde der Bevölkerung bei Quidah 1993 gemacht:

Es wurde ein Teil des heiligen Waldes der Öffentlichkeit als Geschenk übergeben. Der Wald nicht mehr als Versteck wie in schlimmen, früheren Zeiten, sondern als Ort der Begegnung. Es wurde – für jeden Menschen – möglich, sich in diesem Teil des heiligen Waldes aufzuhalten, unter den riesigen Bäumen zu spazieren, um Frieden mit der Vergangenheit zu schließen.

Wege wurden geschaffen zum Spazieren und um die Kraft des Urwaldes und seiner gigantischen Bäume spüren zu können. Die Ruine des alten Königspalastes wurde in den öffentlichen

Teil mit einbezogen, und es wurde eine Eingangs- und eine Ausgangspforte in dem öffentlichen Teil des Waldes installiert.

Und hier fängt meine eigene Geschichte in Kunst für Kunst an!

Ich lernte den König von Quidah und einige seiner Eingeweihten auf einem Qi-Gong Seminar kennen.

Qi-Gong ist eine chinesische Weisheit vom Umgang und Übungen mit Kräften. Vom weisen Umgang mit körpereigenen Kräften und den Kräften, die der Atmosphäre und der Natur innewohnen. Kräfte, die Bäume und Pflanzen ausstrahlen, Tiere und Wesen, Atmosphäre und Licht.

Das Seminar fand bei Europäern statt, die schon seit 16 Jahren in Benin lebten, ihre Namen sind Alain und Karin. Karin ist Künstlerin und stammt aus der Schweiz, Alain ist Franzose und Qi-Gong-Lehrer. Er hatte gerade seinen chinesischen Qi-Gong-Lehrer zu Besuch, einen Meister seines Faches, der einen „Extra-Lehrgang“ für uns gab. An diesem Meisterkurs nun nahm auch der König von Quidah teil, der Alain und Karin kannte.

In den Pausen vom Qi-Gong und beim anschließenden gemeinsamen Essen war genug Zeit für Gespräche mit den anderen Teilnehmern. Kunst und was sie ist – Kunst und was sie bewirken kann, war das Thema von Kpassenon, Karin und mir.

Dieselbe Kunst war es immer noch, die uns bewegte, als Karin mich zwei Tage später besuchen kam, wir in meinem Atelier saßen und überlegten, wie wir dem König Kpassenon bei seiner Idee, den öffentlichen Teil des heiligen Waldes mit einem Tor gegen den nicht öffentlichen Teil des Waldes abzugrenzen, unterstützen könnten.

Geld fließt in den afrikanischen Königshäusern wesentlich spärlicher, um nicht zu sagen „gar nicht“, als in den europäischen – die Kronjuwelen sind die Vermächtnisse und die Traditionen des Voodoo. Die Familienangehörigen der Königsfamilie üben alle überaus weltliche Berufe aus, nur der Kindersegen ist königlich, wobei nach der ersten Null hinter der eins gar nicht mehr so genau weitergezählt – und eine Frage nach der Anzahl der Kinder mit der generellen Auskunft „viele“ beantwortet wird!

Kunst und Tor zum heiligen Wald – das ging uns im Kopf herum. Was könnten wir, zwei Malerinnen, tun, um die Idee zur Verwirklichung zu bringen?

Ein paar Wochen vergingen, einige Ideen kamen und gingen wieder – wurden verabschiedet, weil sie nicht zündeten – zogen neue – nach sich – und verzogen sich wieder …!

Auf einmal hatte ich's! Und es war so klar und einfach für uns, dass es nur so sein konnte!

„Wir machen eine Ausstellung! Lass uns eine Ausstellung machen, beziehungsweise zwei Ausstellungen – du eine und ich eine", sagte ich zu Karin. „Weil wir in einer Ausstellung zusammen gar nicht alles das zeigen können, was wir zu bieten haben. Und weil so jede den Raum bekommt, den sie braucht."

Ausstellung ist die Lösung – und mit dem Geld aus den Verkäufen finanzieren wir das Tor.

Die Kunst am Tor!

Die Kunst afrikanischer Künstler zur Gestaltung des Tores zum heiligen Wald.

Unsere Kunst für ihre Kunst.

Kunst für Kunst.

Kunst war die magische Formel, wir hatten „es" – und wir lagen uns begeistert in den Armen, denn jetzt sprudelten die Ideen nur so hervor.

Alain als Architekt könnte die technische Seite in die Hand nehmen und würde nach König Kpassenons Vorstellungen das Tor entwerfen. Karin und ich waren uns darüber einig, dass das Tor eine schöne gestalterische Ausstrahlung haben sollte und dass diese Gestaltung nur afrikanische Künstler ausführen sollten.

Es gibt sehr begabte Schnitzer in Benin, die einen Baumstamm in eine Bildergeschichte verwandeln können. Es gibt Maler, Töpfer und Skulpteure – es gibt diese Kunst und jene Kunst – und die Kunst davon zu leben – da wollten wir ein Projekt von machen – unser aller Projekt:

„Kunst für Kunst"

Und so geschah es. Es geschah aber noch viel mehr! Doch ich will eins nach dem anderen erzählen!

Also, Kunst für Kunst steht für eine europäisch-afrikanische Zusammenarbeit.

Für die europäische Kunst stehen: meine schweizerische Freundin Karin, Künstlerin wie ich, der Franzose Alain, Architekt und Qi-Gong-Meister, und ich, Sybill, Künstlerin.

Für die afrikanische Seite der Kunst stehen: der Maler Simplice Ahouanssou, die Skulpteure Romouald, Idrissou, Theodore und Jean, der Töpfer Christoff und weitere eingeweihte afrikanische Künstler wie Cyprien, Alfonse, Julien und Amidou.

Nachdem der Voodoo in den siebziger Jahren in der marxistisch orientierten Volksrepublik Benin unter der Regierung von Matthieu Kerekou verboten war und es sogar zu regelrechten Hexenjagden kam, erfuhr er in den achtziger und neunziger Jahren unter der Regierung von Matthieu Soglo eine regelrechte Auferstehung.

Kpassenon, der König von Quidah, freute sich sehr, als wir von unserer Idee berichteten, bei der Realisierung des Tors mitzuhelfen, und wir gingen daraufhin gemeinsam in den Wald, weil uns der König die Stelle – die Schwelle – zeigen wollte, wo er sich das Tor vorstellte.

Er erklärte uns, dass er jedes Mal, nachdem er den Wald durch die öffentliche Pforte betreten hatte, unter einem bestimmten Baum – jenem nämlich, vor dem wir jetzt standen, stehen blieb. Ein dicker Ast des Baumes überspannte den Weg wie ein kleiner Torbogen. Unter diesem Asteingang warf der König ein paar Cola-Nüsse aus – was eine einfache Variante bedeutet das Orakel zu befragen, mit Hilfe dessen er die Losung des Tages bekam –, und konnte so aus der geworfenen Konstellation der Nüsse auf dem Boden die Antwort deuten.

Cola-Nüsse kennt und liebt jeder Afrikaner. Sie schmecken bitter und nussig und wachsen an riesigen Bäumen mit lederharten Blättern – denen man magische Kräfte nachsagt. Cola-Nüsse sind eine von vielen Möglichkeiten ein Orakel zu befragen.

Der symbolische Eingang befand sich ganz in der Nähe des

Baumes, der Kpassenon seine neue Aufgabe als König angezeigt hatte – des Baumes, der fiel und sich wieder erhob.

Wir vereinbarten, dass wir uns von jetzt an jede Woche einmal treffen wollten. Kpassenon sollte die Form und Details des Tores bestimmen, Alain die technische Gestaltung durchdenken und die damit verbundenen Arbeiten, wir Malerinnen die künstlerische Gestaltung – und gemeinsam wollten wir dann die einzelnen Schritte, die nacheinander vollzogen werden sollten, festlegen.

Das Geld, und damit die Arbeitslöhne, sollte durch Kunst verdient werden, nämlich mit unseren Ausstellungen, – und somit von den Künstlerinnen verwaltet werden.

Aber es musste ja erst einmal verdient werden, das Geld!

Ich bekam einen Termin für meine Ausstellung im französischen Kulturzentrum, und unser deutscher Botschafter, Herr Volker Seitz, wollte sie eröffnen. Karin bewarb sich im „Atelier“, einem Galerie-Restaurant, und die Eröffnung wollte der Konsul der Schweiz, Monsieur Moret, vornehmen.

Damit schufen wir die Ausgangsmöglichkeiten für unser Projekt.

Und – wir haben gearbeitet und geschafft! Karin stellte ihre Collagen, ihre textilen Bilder und Bettüberwürfe wie mit afrikanischen Stoffen gemalt, unter den Titel: „Afrique à toucher“, Afrika zum Anfassen. Mein Thema hieß „Entre terre et ciel“, zwischen Himmel und Erde!

„Da“ irgendwo, zwischen Himmel und Erde, befanden wir uns nämlich auch – nach der Ausstellung selbigen Namens – denn es war ein großer Erfolg geworden, die Leute gingen mit unserer Idee mit, und die Bilder gingen mit den Leuten…!

Und jeder, der ein Bild gekauft hatte, legte einen Grundstein mit für unser Projekt

Kunst für Kunst.

Auch ein Stück Afrika für immer – und zum Anfassen – suchten sich die Gäste mit Begeisterung aus. Denn auch an diesem Platz gab es zum Ende der Ausstellungszeit kaum noch etwas zum Anfassen – wir hatten so gut verkauft, dass die Einnahmen für unsere Verhältnisse „königlich" – und für unser Königs-Tor-Projekt gerade „richtig" – waren.

Wie dankbar waren wir, dass alles so gut gelaufen war. Wie dankbar waren wir, dass so viel zu machen ging!

Der erste Akt war vollzogen! Der zweite Akt begann.

Karin und ich fuhren nach Nigeria, weil wir von den „heiligen Hainen von Oschogbo" gehört hatten und von den wundervollen Tempeln, die sich darin befinden. Die österreichische Künstlerin Susanne Wenger war in den sechziger Jahren – ihrer Intuition folgend – nach Nigeria gegangen und hatte dort ihre 2. Lebenshälfte vollbracht und die Verwirklichung ihrer Kunst!

Das, was wir in Oschogbo sahen und empfanden, verschlug uns zuweilen die Sprache, hierher war eine Europäerin mit afrikanischen Wurzeln zurückgekehrt, sie war ihrer Eingebung gefolgt – wie sie es uns selber beschrieb – und hatte ihr künstlerisches Werk in Form von Göttern und Tempeln vollendet.

Wir hatten unsere Inspiration!

Wenn ich „so einfach" schreibe, wir fuhren nach Oschogbo in Nigeria ..., dann ist das in Afrika etwas ganz anderes, als wenn ich hier in Deutschland sage: Wir fuhren von Hamburg nach Frankfurt. Das einzige, was im Vergleich in etwa stimmen würde, wäre die Anzahl der Kilometer. Und hier unterscheidet sich ein Bundesland vom anderen gerade mal durch den Dialekt.

Dort auch!

Aber in Afrika ist die Armutsgrenze die Grenze, die die Staaten voneinander unterscheidet. Der Unterschied zwischen unserem kleinen Staat Benin und dem großen Nachbarn Nigeria war so krass, dass ich den Eindruck hatte, in Benin hat auch der ärmste Mensch noch ein Paar Plastiklatschen unter den Füßen. Die braucht er, um nicht zu „verbrennen". Denn der Asphalt und die Erde sind glühend heiß.

In Nigeria ist das zuweilen nicht mehr der Fall, die Ärmsten der Armen tragen ihre nackte Haut zu Markte – bei den Füßen angefangen.

Die Kunst zu überleben!

Eineinhalb Jahre hat es gedauert, bis das Tor fertig und zur Einweihung bereit war! Bestimmt achtzig Mal trafen wir uns zu unserem „jour fixe" – zur „Lagebesprechung" – in Quidah, zur Projektbegehung, zur Betrachtung und in Auftraggabe von Einzelarbeiten, und um die Atmosphäre im heiligen Wald wahrzunehmen.

Um zu sehen, wie sich die zwölf Teakholz-Baumstämme, nachdem sie gekauft, geliefert, gelagert, gut durchgetrocknet und zu den Schnitzern gebracht worden waren, einer nach dem anderen in Säulen der Wahrheit verwandelten.

Der König gab an, welche Geschichten aus der afrikanischen Mythologie er verwirklicht sehen wollte, und die ausgewählten Skulpteure, die „Eingeweihte" des Königs sind, ließen ihrer Eingebung und handwerklichen Erfahrung freien Lauf.

Es war überwältigend, die Geschichten und Gestalten zu sehen, die aus dem Holz herauswuchsen. Diese Geschichten-Säulen sollten als Stelen fungieren.

„Stelen" haben in Afrika Wächterfunktionen. Sie bewachen Häuser, Eingänge und Ausgänge, sie bewachen ganze Dörfer.

Diese Stelen sollten das Königstor bewachen! Das Tor wiederum sollte auf seiner großen zweiflügeligen Holzfläche den Traum des Kpassenon mit den Leoparden und der Ankündiung des neuen Königs erzählen.

Nächste Schritte – in Richtung „ innere Welt".

Es war eben nicht nur ein einfaches, zweiflügeliges Tor, das es dort zu bauen gab, sondern das Königstor von Kpassenon sollte aussehen, wie das Logo des Königs, das hatte dieser sich so gewünscht.

Das Logo des Königs ist unter anderem draußen auf die Palastmauern gemalt – und stellt die innere und die äußere Welt dar. Es ist mit zwei „Gris-Gris"" versehen, das sind zwei Glücksbringer, die alle guten Wünsche und Zauber beherbergen und eine Verbindung zum Übernatürlichen darstellen.

Und es zeigt Herz – ein dickes rotes Herz, das die äußere Welt mit der inneren, oder umgekehrt, die innere mit der äußeren

Welt verbindet. Der Sinn von: „man sieht nur mit dem Herzen gut“ trifft auch dieses Herz.

Als die Kugeln mit den Gris-Gris’ angefertigt wurden, wurde der Arbeitsbereich mit Strohmatten gegen die Augen jedwedes Neugierigen hin abgeschirmt. Nur die Handwerker, der König und wir hatten Zutritt.

Die Ingredienzien, die in die Gris-Gris’ hineingelegt wurden, beinhalteten unter anderem rote Schwanzfedern vom Graupapagei und Kaurimuscheln, sie wurden in einer eigenen Zeremonie vom König und zweien seiner Eingeweihten besprochen und geweiht, bevor sie schließlich unter einem Mantel von Ton über den Draht-Kugeln, unsichtbar gemacht wurden.

Die Gris-Gris’, die die innere Welt mit der äußeren verbanden, waren fertig!

Wir brauchten einen Brunnen um Ziegelsteine „backen“ zu können! Mit den Ziegelsteinen sollte sich die „äußere Welt“ gestalten.

Die Etappe Brunnenbau begann.

Vierzehn Meter tief wurde gegraben, und der Brunnen gebaut.

Nun konnte die rote Erde des Waldes mit Wasser vermengt, Ziegelform für Ziegelform gefüllt und wie eine gute Backform gestürzt werden. So wurden Hunderte von einzelnen Steinen gebacken und luftgetrocknet.

Die „äußere Welt“ würde sich gestalten wie ein Tunnel über dem darunter liegenden Tor. Wenn das Tor „innere Welt“ geöffnet ist, geht man durch das innere und äußere Tor zusammen – wie durch eine Wandelhalle.

Mit den Ziegeln sollte die äußere Form der Tunnelhalle geschaffen werden. Um sich das proportional vorzustellen und in Maßen auszudrücken zu können, liest sich das etwa so:

Höhe des inneren Tores ca. 2,50 Meter, die Breite desselben ca. 3 Meter, die Länge des Tunnels ca. 7 Meter, die Höhe des Tunnels ca. 3.75 Meter.

Über den fertig gemauerten Tunnelgang sollte ein Mantel aus Ton kommen, auf dem der Töpfer mit dem schönen Namen: Christoph Bonjour (Chr. Guten Tag) alle königlichen Bezüge und Insignien als Tonreliefs verewigen sollte. Weitere königliche Wappentiere sind neben den Leoparden, die das innere Tor prägen würden, die prächtigsten Vögel ihrer Art, die Pfauen – die auch im Königspalast als Wandmalereien zu sehen sind.

Der Maler Simplice Ahouanssou fertigte Modellzeichnungen und Tiermodelle in der Erdmasse, dem Ton, an, der uns zur Verfügung stand, und brachte Ideen, die die Ausgestaltung des Tonmantels angingen, Romeould Hazoumé erzählte von seinen Erfahrungen im Gestalten mit Ton und abgewandelten Materialien, wie z.B. seinen Arbeiten mit einer Masse aus Ton und Stroh – „Tchif" malte mit Ton – er mischte Erde und Farbe zu einer pastösen Masse – und auf diese Art und Weise waren immer mindestens ein Dutzend Leute mit der Ausarbeitung und Gestaltung des Tores beschäftigt.

Und der Torkomplex wuchs in die Höhe und in die Breite und wurde immer beeindruckender!

Die inneren Tore waren nach monatelanger Arbeit fertig geschnitzt worden und sollten zur „Anprobe" in den heiligen Wald transportiert werden. Der Transport stellte ein Problem dar, denn die Torflügel waren so schwer, dass sie nur von einer ganzen Truppe von Menschen bewegt werden konnten. Und diese Truppe sollte auch noch einheitlich koordinierte Bewegungen auf engstem Raum vollbringen, nirgendwo anecken, und Kratzer jeglicher Art vermeiden.

Es war ein Unterfangen, das aussichtloser mit jedem neuen Versuch wurde und zeitweilig den Wunsch aufkommen ließ, die Türflügel in handliche Teile zu zersägen, um sie an Ort und Stelle wieder zusammenzufügen! Es waren Momente, in denen wir uns fragten, warum haben wir uns „das" angetan, ein einfaches Tor „alleine" hätte es doch auch getan!

Aber diese Momente hielten nicht lange an, weil wir letztendlich überzeugt waren von dem Vorhaben, von der Ideologie, von der Planung und der Gestaltung, und damit lenkte die Konzentration jedes Mal wieder auf den jeweiligen Focus über.

Alain konnte schließlich bei einer europäischen Baufirma einen Kran organisieren, der die Torflügel heil und unter großer Anteilnahme des Stadtviertels an ihren Bestimmungsort brachte.

Von jetzt ab hätte eigentlich alles, was noch zu tun war, in einem regelmäßigen Rhythmus und Arbeitsfluss, zeitlich kalkulierbar bis zur Vollendung der Arbeiten und der Einweihung des Tores, laufen können. – Es „hätte"…! Wenn nicht …!

Wenn uns nicht dieses unglaublich heftige Unwetter in der Nacht vom 8. zum 9. November 1998 (man beachte die Jahreszahl!) – ein Gewitter, das Stromkreise lahmlegte und Telefonleitungen erhängte, ein Gewitter, das mit seinem Donner die Hauswände zum Vibrieren brachte und dessen Wasser in kleinen Sturzbächen die Straße hinunterschossen – wenn nicht dieses unglaubliche Gewitter uns einen Strich durch die Rechnung bzw. Planung gemacht hätte.

Am nächsten Morgen, alles war draußen wieder ruhig, nur die Natur dampfte unter der steigenden Sonne, kam ein Telefonanruf aus Quidah, die Verbindung war äußerst schlecht, aber die Nachricht rauschte dennoch durch: „Bitte sofort kommen, ein riesiger Ast ist bei dem Gewitter auf unser Tor gekracht!"

Helle Aufregung!

Auf der eine Dreiviertelstunde dauernden Fahrt nach Quidah gingen Filme in meinem Kopf ab. „Das Wüten der Natur" – Warum? Was sollte damit übermittelt werden?

Ich traf Karin und zwei Mitglieder aus dem Konvent vor dem heiligen Wald, Kpassenon, der König war schon seit dem frühen Morgen mit Adepten und Eingeweihten im Wald. Als wir ihn sahen, kam er lächelnd auf uns zu und empfing uns mit den Worten: „Das Tor hat das Unwetter überlebt, es steht. Es ist unversehrt, der Ast hat es nicht beschädigt!"

Wir gingen gemeinsam dorthin und wollten schon von weitem unseren Augen nicht trauen. Ein riesiger Ast, über sechs Meter lang und entsprechend dick, lag quer über dem Tunnelgewölbe! Mir zitterten die Beine und auch die Arme, es war unbegreiflich – das Tor darunter s t a n d und war nicht eingestürzt!

Da lag der enorme Ast, der dem König vor dem Torbau als „Eingang" gedient hatte, wie aus einer imaginären Baumtür aus den Angeln gehoben, auf dem fast fertigen Tor.

Wir kletterten die Bauleitern hoch und stellten fest, dass oben, wo der Ast aufgeschlagen war, keine zerschlagenen Steine zu sehen waren, keine Risse und keine Löcher im Tonmantel, keine zerstörten Reliefs – es war alles heil, nur der Ast lag wie ein Ausruf der Kunst obendrauf!

Kunst für Kunst für Kunst!

Nun war eine neue Dimension hinzugekommen zu Kunst für Kunst: Die Kunst oder das W e s e n der N a t u r.

Das Zittern und Erstaunen wich den tief angehaltenen Atemzügen, der angehaltene Atem wich befreiendem Lachen, das Lachen gipfelte in helle Freude und die Freude in tiefe Dankbarkeit.

Wenn wir „ungläubig" auf d a s geblickt hatten, was sich ereignet hatte, so gingen wir umso gläubiger wieder hinein „in unser Projekt"! Wir – der König, einige Adepten, ein Teil der Königsfamilie und die Künstler – saßen alle unter dem riesengroßen „arbre du voyageur", dem Baum des Reisenden, und fühlten dem nach, was sich ereignet hatte.

Eine Zeremonie traditioneller Art sollte folgen.

„Wie" jetzt weitermachen mit dem Tor, war die Frage. Die Künstler konnten sich vorstellen das Tor in seiner neuen Konstellation zu belassen und den Ast in die Form des Tores zu integrieren, ihn zu bearbeiten, Geschichten auf ihm erstehen zu lassen, Formen aus ihm herauszuholen – ihn Teil des Tores werden zu lassen!

Der König fand es auch sehr symbolisch, das Alte mit dem Neuen zu verbinden, erklärte aber auch, dass das Orakel befragt werden müsse.

Bei einigen dieser Zeremonien waren Karin, Alain und ich anwesend – bei einigen Zeremonien, die unser Dabeisein „zuließen" und wir das Gefühl hatten, dabei sein zu können, ohne das Gleichgewicht zu stören. Denn der Voodoo war nicht unsere Religion, wir konnten einiges wahrnehmen und erkennen und jeder doch bei sich und in seiner Religion bleiben – jeder für sich seine Entscheidungen treffen. Wir respektierten mit aller Hochachtung und Staunen, was damit verbunden war, bzw. was wir darüber erfuhren und durch Kpassenon lernten – darin persönlich aktiv zu werden, kam nicht in Frage!

Und das Orakel gab zu verstehen, dass der Ast dennoch entfernt werden sollte.

Wir nahmen die Botschaft an – und Alain verbrachte zwei Tage mit einer Handmotorsäge auf dem Dach des Tores, um den Riesenast scheibchenweise und Schwerpunkt-gerecht zu entfernen. Einige Teile mussten abgeseilt werden, um die Tonreliefs nicht zu verschrammen, andere von drei Leuten aufgefangen werden, damit die Steinstatuen in der Umgebung des Tores, an denen der Ast auf wundervolle Weise vorbeigerauscht war, nicht angeschlagen wurden.

Alain saß oben auf dem Tunnel und arbeitete mit König Kpassenon, der unten am Tor stand, zusammen. Der König beschrieb die Astpartien, die als nächstes bearbeitet werden sollten, hob Teilstücke mit herunter und hatte „die Witterung" für das Nächstliegende.

Die Statue, die am meisten gefährdet war – fast unglaublich, dass sie noch stand – war der symbolisierte Regenbogen, die Regenbogenschlange! Sie symbolisiert den ewigen Kreislauf der Erneuerung! Das Ende des Regenbogens, das in der Schlange verschwindet – sich mit ihr zu einem Kreis schließt – und dessen Anfang durch ihren Kopf wieder neu erscheint.

Der Regenbogen als Bund zwischen Himmel und Erde. „Zwischen Himmel und Erde" hatte ich meine Ausstellung genannt…! Und ich hatte einmal mehr das Empfinden, dass die wundersamen Mächte, über die Dietrich Bonhoefer geschrieben hat, auch hier am Werke waren!

Mit so viel Glück und Freude über die Bekräftigung des Tores fingen wir Malerinnen an, Ideen für die Gestaltung der Einweihungsfeierlichkeiten des Tores zu entwickeln! Es sollte ein richtig schönes Fest geben, mit afrikanischer Musik, mit Trommeln und Tänzen und Darbietungen, mit Schwarz und Weiß und vielen Farben – mit Europäern und Afrikanern, mit Liedern und Lachen, mit wenig offiziellem Rede-Zeremoniell und viel Wahrnehmung der besonderen Umgebung.

Um mit den Brückenköpfen der Begegnungen Brücken zu schlagen:

„Von Kultur zu Kultur
von Mensch zu Mensch
von Kunst zu Kunst –
zu Kunst und Natur
in dem heiligen Wald von Quidah
unter blauem Himmel auf roter Erde.“

Das war auch sehr im Sinne des Königs, nur als wir ein Datum für die Einweihung absprechen wollten, meinte er, das könne noch ein Weilchen dauern, denn erstmal müsse ja jetzt noch der „Hut auf das Tor“!

Bitte „was“, fragten wir, und wir dachten wohl jeder bei sich: Der Tunnel über dem Tor war schon überraschend gewesen, aber absolut nachvollziehbar, auf dem Logo zu sehen und von der Symbolik getragen, aber der Hut, der war jetzt nicht zu erkennen, und „der“ machte uns nun ziemlich ungeduldig. Auch der Gedanke, was denn dann noch danach kommen könnte, machte uns ein bisschen schwach... Hier musste erst einmal eine Gedankenpause eintreten!!

Was Kpassenon uns dann über den „Hut“ des Königs erklärte, hatte eine tiefe Bedeutung!

Ein afrikanischer König darf nie ohne seinen Hut – also unbehütet – vor der Außenwelt erscheinen.

Der „höchste“ Punkt auf dem Kopf – bei Babys jedem Menschen als Fontanelle bekannt – darf nicht ohne Schutz und Hülle sein. Der königliche Hut hat meistens sogar noch eine Bordüre um die Hutkrempe. Die Bordüre ist als Sichtblende zu verstehen, denn auch der Blick des Königs soll geschützt sein – man sagt, es gingen besondere Kräfte von den königlichen Augen aus!

Dasselbe gilt für die königlichen Insignien, und damit für das Tor.

Es war der Punkt, an den wir uns am meisten gewöhnen mussten, denn der König stellte sich den Hut als „Strohhut“ vor und wollte gerne ein Paillotte, das ist eine Stroh-Konstruktion auf Holzpfählen, wie man sie für Fischerhütten und Sonnendächer baute – über dem Tunnel erstehen lassen.

Die bearbeiteten und geschnitzten Teakholzstämme, die wir eigentlich als Stelen – als Wächter – rund um das Tor aufstellen wollten, sie standen nun fertig da, bei den Skulpteuren, und boten sich an, die Basis für die Paillotte zu bilden … wie wenn sie von vornherein dafür angedacht worden wären! Es fügte sich alles in das Gesamtbild, wie wenn es schon vorher dafür ausgesucht worden wäre!

Dann ging alles ganz schnell mit dem Weiterbau: Es wurde Holz gekauft und Stroh angeliefert, Schnüre und Drähte in der passenden Stärke gefunden – vier Männer waren an der Arbeit, und innerhalb von drei Wochen stand die Paillotte.

Und so gewöhnungsbedürftig uns die Idee zuerst vorgekommen war, so sicher konnten wir jetzt feststellen: Es passte! Es machte Sinn und es harmonierte miteinander – und die drei verschiedenen, übereinander liegenden Formen vereinigten sich zu einem Ganzen!

Das Tor hatte seine definitive Form angenommen.

Wir gestalteten die Einladungen für die Einweihungsfeier mit einem Foto des Tores vom 9.11.98, als der alte Eingang in Form des Astes auf den neuen Eingang gefallen war, mit dem Ausruf: Und … das Tor steht! „Et … la porte vit!“

Auch die Numerologie weiß eine Geschichte der Zahlen zu dem Datum: 8./9.11.98! Diejenigen unter Ihnen, die sich mit Zahlen in der Richtung auskennen, können sie herausfinden!

Das Datum der Einweihung legten wir auf den 13. Februar 1999 fest.

Die Küstenregion hat ein wahres Treibhausklima mit zeitweilig 100 % Luftfeuchtigkeit bei Temperaturen zwischen 24 und 38 Grad! Da sehr viele Gäste eingeladen und erwartet wurden und wir nach der Einweihung und Tordurchschreitung eine Erfrischung und Stärkung anbieten wollten, wählte der König 40 „bonnes femmes“ aus, die die Verpflegung anhand hausgemachter afrikanischer Köstlichkeiten übernehmen sollten.

Die „guten Frauen“, was bonnes femmes bedeutet, stellen auch im normalen Alltagsleben der Afrikaner „die mobile Garküche auf 2 Beinen“ dar. Je nach dem, was sie an Nahrung verkaufen

– das meistgegessene Gericht als Grundnahrung in Benin ist Reis mit einer scharfen roten Soße aus Chilischoten oder eine Mais- oder Maniokpaste mit derselben Sauce – je nach Finanzlage mit Fleisch, Huhn oder Fleischspießen erweitert, oder das Ganze als Fischvariante. Fisch, der der Reichtum der Küstenregion ist.

An vielen Plätzen der Stadt sieht man sie, die bonnes femmes, allein oder mit anderen Frauen und Mädchen gemeinsam sitzend oder stehend, den Imbiss auf der Straße betreibend – und immer an strategisch günstigen Verkehrspunkten. Die großen bunten Emailleschüsseln vor sich stehend oder auf dem Kopf getragen – wobei dann das komplette Essens-Angebot wahrgenommen werden kann, von der Morgenbouillon oder der Teepause über den Mittagstisch bis zum Abendimbiss.

Wasser wird getrennt – in kleine Plastiksäckchen abgefüllt – verkauft. Von den Früchten der Saison, wie herrlichste ausgereifte Ananas, Mangos, Bananen und Papayas, bis zu Grillspießen mit frischem Fleisch und Gemüse, Baguette oder Weißbrot, letzteres dreimal am Tag frisch – und Fritten von Maniok mit Sauce oder ohne – das Ganze wird auf von den Frauen mitgebrachten Plastiktellern serviert, die zwischendurch mal in einem Eimer Wasser abgespült werden. Bei den Gläsern ist es dasselbe, und die Früchte werden bereits mundgerecht in Stücke geschnitten und geschält angeboten.

Der große Einweihungstag kam, ich hatte acht Meter breites rotes Satinband in der Handtasche und eine Schere, um es zu durchschneiden, dazu – natürlich erst im entsprechenden Moment. Wir befestigten das Band am Eingang des Tores, bevor der Festakt begann.

Was war das für eine prächtige Gesellschaft – die Gäste, die Freunde und Bekannten. Der König und seine Familie, alle Eingeweihten, die Hohepriesterin des Königs – eine noch recht junge Frau, die für ihre Bestimmung und Mission auch durch das Orakel auserwählt worden war – der Bürgermeister von Quidah, der Botschafter Deutschlands in Benin, der Konsul der Schweiz in Benin sowie Gäste aus Frankreich, Italien, Belgien, Holland, dem Libanon, Amerika, Moldawien, der Schweiz,

Afrika und Deutschland. (Woran man erkennt, wie farbig und offen auch die Kommunikation der Leute untereinander ist.)

Sie alle saßen unter den riesigen Bäumen und atmeten die Stimmung des Waldes, der Festreden, der bunten Reihe der Menschen, der Fest-Gewänder und der Trommeln. Dann erhob sich die ganze Menge, um dem König und seinem Stab zu folgen – in Richtung „Tor"!

Apropos Stab: Alle Eingeweihten trugen ihre Macht und Kraft in Form aufwendig geschnitzter und bearbeiteter Zeremonienstäbe mit sich, das tun sie immer bei entsprechenden Anlässen.

Vor dem Tor legten drei Männer des Königs ein Orakel – diesmal eines in flüssiger Form – ein Orakel aus „Sodabi". Sodabi ist ein hochprozentiger Maisschnaps.

Die Zeichen waren günstig – das Orakel lud uns ein das Tor zu durchqueren.

Ich durfte das dicke rote Band durchschneiden und mit dem König, Karin und Alain zusammen den Zug der Gäste durch unser Tor anführen.

Nachdem sich alle Gäste untereinander beglückwünscht hatten – die einen, weil sie das Tor für eine gelungene Angelegenheit hielten, die anderen, weil sie durch den Kauf eines Kunstwerkes aus den Ausstellungen am Entstehen mit beteiligt waren, wieder andere, die Unterstützung geleistet hatten mit technischen Hilfsmitteln, Maschinen, Fahrzeugen, Werkzeugen, und solche, die die gute Laune hochhielten, die uns besonders in Momenten der Stagnation zur Seite standen – zeigten sich die rituellen Tänzer. Die Klänge der Trommeln brachten die Aufmerksamkeit der Menge zu den Tänzern, die jetzt aufzogen um den Festakt mit Tänzen besonderer und traditioneller Art zu unterstreichen.

Die Tänzer und Tänzerinnen waren mit einem Kopfputz aus Kaurimuscheln und Papageienfedern geschmückt, hatten ihren eigenen Schmuck aus vielen verschiedenen bunten Perlenketten und Armbändern angelegt – Männer wie Frauen – und trugen an den Beinen geknüpfte Bänder, die gleichzeitig Schmuck und Musikinstrument waren, nämlich Rasseln, die den Takt der Musik eindrucksvoll intonierten.

Und sie tanzten und sangen und schwebten und bebten!

Sie blieb in der Luft stehen, die Musik – die Töne, die Schreie, das Lachen, das Rasseln… Es vibrierte die Luft von den Bewegungen der Tänzer, von dem Rascheln der Gewänder und dem Klickern der Perlen beim Tanzen.

Das Geschehen, die Spannung und das Erstaunen malten unsichtbare Energiesäulen in die Luft – und die Zuschauer hielten zuweilen den Atem an…!

Es war ein Schauspiel, diese Tänze, eine Darbietung einer anderen Art – eine Verständigung fern von Worten – eine Sprachlosigkeit, die mehr als alle Worte erzählte.

Eine Schwerelosigkeit, die ungewöhnlich war, – die gefühlt wurde, ein Geschehen, das sich rationalem Verstehen entzog … und einfach wirkte!

Und jeder der Anwesenden fühlte „es“!

Es war wundervoll!

12) Bei wem muss oder kann ich mich dafür bedanken?

Ich danke der Liebe, dass ich am Leben bin!
Ich danke dem Leben, dass ich gerne lebe.

Ich bin mein Dank an das Leben.
Mit all dem, was ich daraus mache, und gemacht habe!

Ich bedanke mich bei dem Licht, den Farben, der Malerei und der schöpferischen Kraft allen Seins!

Sie können hier Ihre Instanz einsetzen:

…………………………………………………………

bei der Sie sich bedanken möchten.

Denken Sie daran, nur „Instanzen der Liebe“ zu bemühen… Wenn dem nicht so ist, kommt der Bumerang zu Ihnen zurück!!

……………………………………………………………

……………………………………………………………

……………………………………………………………

……………………………………………………………

……………………………………………………………

Dankbarkeit steigt auf,

wenn wir etwas einsehen, was wir vorher noch nicht einsehen konnten.

Vielleicht noch nicht verstehen konnten – oder wollten.

Mit Hilfe des Herzens – „gib Deinem Herzen einen Ruck“ sagt der Volksmund – aus einer Einsicht des Herzens, die uns etwas bewusst gemacht hat, – entsteht dann Dankbarkeit.

Dankbarkeit ist ein Gefühl des Wissens.
Um Dankbarkeit zu bitten – meint innere Erweiterung.

Affirmation:
Ich bitte darum dankbar sein zu dürfen,
dankbar sein zu können.
Ich bitte darum einsichtig sein zu können.
Ich bitte darum glücklich sein zu können.

Indem ich dafür danke, segne ich:
meinen Körper,
meinen Geist
meine Seele.

Denn meine Seele weiß,
dass sie sich aus einem bestimmten Grund und aus einer bestimmten Absicht heraus mit meinem Körper verbunden hat, damit ich lerne, was ihr Plan ist.

Ich segne meine Familie
und alle, die mit uns in Verbindung stehen.

Wir können segnen, was uns gefällt – was uns lieb und wichtig ist, segnen, was eine Herzensangelegenheit ist.
Auch das, was uns nicht gefällt, sollen wir segnen –
eine Lösung der Angelegenheit vollzieht sich dann besser.

Wem möchten Sie danken und wen segnen?

1 ....

2 ....

3 ....

4 ....

5 ....

6 ....

7 ....

8 ....

Das Leben auf dieser Erde gilt als ein Privileg!
Nur hier gibt es folgende Sinne zu leben:

Zu fühlen
Zu riechen
Zu schmecken
Farben zu sehen
Klänge zu hören
Zu betasten, was wir lieben
Das Recht der eigenen Entscheidung

Der Erdenweg ist ein Weg der Freude –
er ist kein Leidensweg.

Wir sind auf der Erde, um zu lieben und zu lernen und zu praktizieren –

solange, bis der persönliche Lebensplan,
den wir nicht nur erarbeiten,
sondern einfach erfühlen, erkennen und erfüllen müssen, vollbracht ist,

wenn wir erkannt haben, dass unser Glück nicht von Äußerlichkeiten abhängt,
sondern in uns selbst liegt,

in der eigenen, individuellen, Art zu sein,
in der eigenen Annahme – in der Selbstakzeptanz.

Sich selbst so anzunehmen wie wir sind – auch mit Attributen,
die den gängigen Schönheitsidealen widersprechen – ,
oder dem Gefühl, „nichts Besonderes" zu sein!

Das „So-Sein" jedes Einzelnen ist seine eigene persönliche Herausforderung und **seine persönliche Lernaufgabe** – die Aufforderung, das Leben und seinen Sinn zu erkundschaften und zu erkennen.

In der eigenen Bescheidenheit!

In der Bescheidenheit zu wissen, dass ich alles habe, was ich brauche. Ich kann mich bescheiden, weil ich weiß, dass ich alles, was ich brauche (in mir) habe.

Wenn alle Puzzle-Teile des Erlebens und Erfahrens
zu einem Ganzen zusammengesetzt sind,
wenn alle Teile als passend empfunden wurden –
und ich selbst mir die Frage nach dem Warum beantworten kann,
dann ist das Spiel gespielt,
des Rätsels Lösung gefunden,
die Aufgabe gelöst.

Der Mensch ist auf Erden,
sich seines Glückes auf seine Art bewusst zu werden!

Es gibt eine Sprache, die jenseits der Worte liegt,
sie zu verstehen ist eine Kunst, die jeder Mensch für sich lernt.

Es gibt nur eine Botschaft, auf die es sich lohnt zu hören:
das ist die Botschaft des eigenen Herzens!

Hier ist ein 8-Punkte-Plan zur Bekräftigung Ihrer Absichten, der besonders dann gut angewendet ist, wenn es Ihnen nicht gut geht!

1) Ich bin eine Persönlichkeit.

2) Ich will und werde zur richtigen Zeit
am richtigen Ort
das Richtige tun.

3) Ich werde geliebt!
(Auch wenn es mir besonders schwer fällt, es im Augenblick zu glauben!)

4) Ich bin in einer guten Verbindung zu meinem Partner/in und zu meinen Kindern und allen, die mit uns verbunden sind.

5) Ich bin: Freude, Liebe, Dank, Bereitschaft, Fürsorge, Hilfe, Frieden, Hingabe, Leben, Lachen, Anerkennung, Freundlichkeit, Segen – ich bin alles, was ich bin.

6) Ich nehme mein Schicksal an. Ich bin bereit!
Ich liebe, was ich bin.
Ich würdige, was ich aus meinen Fehlern gemacht habe.

7) Universelle Liebe, Weisheit und Kraft führt mich mit den Menschen und Situationen zusammen, die mir gut tun.

8) Ich meistere meine Herausforderungen.

Jetzt kommt Ihr eigener Plan!

Suchen Sie sich von meinen Punkten, was Sie übernehmen wollen und setzen Sie Ihren Plan mit Ihren Bekräftigungen fort:

1 ....

2 ....

3 ....

4 ....

5 ....

6 ....

7 ....

8 ....

Ich werde geliebt.

Vielleicht wird dieser Satz einige von Ihnen in Wut versetzen, vielleicht werden Sie entgegnen: Mein Freund oder meine Freundin, mein Mann oder meine Frau hat sich gerade für immer von mir verabschiedet, ich fühle keine Liebe, ich fühle mich sogar äußerst entwertet!

Ich werde geliebt –
kommt von daher, wo die Fäden zusammenlaufen.

Sie wissen schon, der Teppich, das Muster, der übergeordnete Plan der Muster,
der Webstuhl, der nicht von dieser Welt ist,
und die Fäden, die dort zusammen kommen!

Warum sollte sich denn jemand soviel Mühe machen mit den zig Milliarden Lebensteppichen,
den zig Milliarden Schauspielen des Lebens,
Komödien, Dramen, Zirkus- und Opern-Vorstellungen, den zig

Millionen Liebesfilmen: Clownerie und Comedia del Arte zuweilen – den millionenfachen Krimis und Gruselkabinetten –, der nicht ein besonderes Interesse an dem Ganzen hätte?

Das Interesse,
die Fäden,
das Spiel
und das Ganze:
Sie sind das Wesen der Liebe!

Alle Beziehungen, Verbindungen und Bedingungen, die uns formen und neu gestalten, die uns Lachen bringen und Weinen, Licht und Schatten, Freude und Leid, die uns solange unsere Einstellung ändern lassen, bis wir wahrnehmen und erkennen, was ist. Bis der Erkenner, das Erkannte und die Selbsterkenntnis EINS sind.

Stellen Sie sich ein Spielzeug-Kaleidoskop vor.
So eines, das uns als Kinder entzückt hat, weil der Inhalt an beweglichen Teilchen bei jeder Drehung neu durcheinander geschüttelt und sofort wieder zu einem neuen Bild zusammengesetzt wurde.

Der Inhalt bleibt immer derselbe,
die Hülle, die äußere Form auch, ob rund oder eckig, lang oder kurz, sehr aufwendig oder ganz einfach –
nur die Zusammensetzung des Inhalts nach dem Dreh verändert sich immer aufs Neue.

Kaleidoskope gibt es nun in Serienausfertigungen millionenfach zu haben.

Sie, Sie sind alle Unikate.
Kreative, kunstvolle Einzelausfertigungen.
Sie sind alle – jeder für sich –
eine Persönlichkeit.

Und wenn Ihr „Wert“ bis jetzt von Ihrer Umwelt noch nicht als solcher entdeckt wurde, machen Sie sich nichts draus – nicht alle Menschen haben ein Auge für „echte Kunst“,
für die Seele der Kunst, – für das, was von innen nach außen reflektiert wird.

Der Maler van Gogh, der in seiner Genialität – wie viele Kollegen von ihm – zu Lebzeiten verkannt wurde, weil er nicht dem Zeitgeist und der Mode entsprach, hat erst nach seinem Tode die Anerkennung und den Ruhm erlangt, die er sich zu Lebzeiten so sehr gewünscht hatte. Er hatte sehr unter der mangelnden Anerkennung gelitten.

Darum, seien Sie „es" sich wert, sich Ihnen entsprechend zu achten und zu behandeln.

Bestärkung:
Ich bin „der, der ich bin"!
Ich bin „die, die ich bin"!

Gehen Sie gut mit sich um und lassen Sie sich nicht „klein" machen! Halten Sie es mit Nelson Mandela und seiner Betrachtung von Macht und Kraft. So braucht man auch andere nicht klein zu machen!

Es sind die unzähligen Facetten der Anlagen der Liebe, die sich in einem Menschen wie in einem Kaleidoskop mit jeder Drehung verändern, um ein neues Bild zu präsentieren.
Die sich zu immer neuen Formationen zusammensetzen, aus denselben Bestandteilen – nur die Lagen der Bestandteile, die Farben und das Licht verändert sich.

Haben Sie jetzt Lust Ihr Lebenskaleidoskop einmal zu betrachten, und festzustellen, wo Sie selbst „den Dreh" zur nächsten Formation vollzogen haben, und um daran ein bisschen zu drehen?

Und betrachten sie die Bilderwechsel, die einfach geschehen sind, an denen Sie nicht bewusst mitgearbeitet haben.

Der Dreh des Kaleidoskops:

Selbst:

1 ....

2 ....

3 ....

4 ....

5 ....

Unbewusst:

1 ....

2 ....

3 ....

4 ....

5 ....

„Das Leben, als persönlicher Schleifstein, um den besonderen Stein – das Juwel – im Inneren sichtbar werden zu lassen.“

Bestärkung:
Ein Jeder ist Teil des Ganzen, das Ganze ist Teil eines Jeden.

Zeit, Danke zu sagen

„Danke“ ist wie „Bitte“ ein Zauberwort,
das bringen wir bereits ganz kleinen Kindern bei!

Bitte und Danke sind Zauberwörter,
die „Türen öffnen“.

Wir lernen und praktizieren den Gebrauch dieser beiden Worte in der Kindheit und dann verbannt manch einer von uns sie in unzugänglichen Tiefen – um sie von dort, nach vielleicht unangenehmen Schwierigkeiten, wieder mühsam auszupacken!

Dankbarkeit ist ein Schlüssel!

Hier gebe ich eine Geschichte[28] weiter, die sich spielerisch in dem eigenen Freundeskreis weiter und weiter entwickeln lässt:

Erinnerung

Eines Tages bat eine Lehrerin ihre Schüler, die Namen aller anderen Schüler in der Klasse auf ein Blatt Papier zu schreiben und ein wenig Platz neben jedem Namen zu lassen. Dann sagte sie zu den Schülern, sie sollten überlegen, was das Netteste ist, das sie über jeden ihrer Klassenkameraden sagen könnten, und das sollten sie neben die Namen schreiben.

Es dauerte die ganze Stunde, bis jeder fertig war, und bevor sie den Klassenraum verließen, gaben sie ihre Blätter der Lehrerin.

Am Wochenende schrieb die Lehrerin jeden Schülernamen auf ein Blatt Papier und daneben die Liste der netten Bemerkungen, die ihre Schüler über jeden einzelnen Mitschüler aufgeschrieben hatten.

Am Montag gab sie jedem Schüler seine – oder ihre Liste. Schon nach kurzer Zeit lächelten alle. „Wirklich", hörte man sie flüstern, „ich wusste gar nicht, dass ich irgendjemandem hier etwas bedeute!", und: „Ich wusste gar nicht, dass mich andere so sehen", waren die Kommentare.

Niemand erwähnte danach die Listen wieder. Die Lehrerin wusste nicht, ob die Schüler sie untereinander oder mit den Eltern diskutiert hatten, aber das machte auch nichts aus. Die Übung hatte ihren Zweck erfüllt. Die Schüler waren glücklich mit sich und mit den anderen.

Einige Jahre später war einer der Schüler in Vietnam gefallen und die Lehrerin ging zum Begräbnis dieses Schülers. Die Kirche war überfüllt mit vielen Freunden. Einer nach dem anderen, der den jungen Mann geliebt oder gekannt hatte, ging am Sarg vorbei und erwies ihm die letzte Ehre. Die Lehrerin ging als letzte und betete vor dem Sarg. Als sie dort stand, sagte einer der Soldaten, die den Sarg trugen, zu ihr: „Waren Sie Marks Mathe-Lehrerin?“ Sie nickte: „Ja.“ Da sagte er: „Mark hat oft von Ihnen gesprochen.“

Nach dem Begräbnis waren die meisten von Marks früheren Schulfreunden versammelt. Marks Eltern waren auch da und warteten offenbar darauf, mit der Lehrerin zu sprechen. „Wir wollen Ihnen etwas zeigen“, sagte der Vater und zog eine Geldbörse aus seiner Tasche. „Das wurde gefunden, als Mark gefallen ist. Wir dachten, Sie würden es erkennen.“

Aus der Geldbörse zog er ein stark abgenutztes Blatt, das offensichtlich zusammengeklebt, viele Male gefaltet und auseinandergefaltet worden war.

Die Lehrerin wusste ohne hinzusehen, dass dies eins der Blätter war, auf denen die netten Dinge standen, die seine Klassenkameraden über Mark geschrieben hatten. „Wir möchten Ihnen so sehr dafür danken, dass Sie das gemacht haben“, sagte Marks Mutter. „Wie Sie sehen können, hat Mark das sehr geschätzt“.

Alle früheren Schüler versammelten sich um die Lehrerin. Charlie lächelte ein bisschen und sagte: „Ich habe meine Liste auch noch. Sie ist in der obersten Lade in meinem Schreibtisch.“

Chucks Frau sagte: „Chuck bat mich, die Liste in unser Hochzeitsalbum zu kleben.“

„Ich habe meine auch noch“, sagte Marilyn. „Sie ist in meinem Tagebuch.“

Dann griff Vicky, eine andere Mitschülerin, in ihren Taschenkalender und zeigte ihre abgegriffene und ausgefranste Liste den anderen. „Ich trage sie immer bei mir“, sagte Vicky und meinte dann, „ich glaube, wir haben alle die Listen aufbewahrt.“

Die Lehrerin war so gerührt, das sie sich setzen musste und weinte. Sie weinte um Mark, und für alle seine Freunde, die ihn nie mehr sehen würden.

Im Zusammenleben mit unseren Mitmenschen vergessen wir oft, dass jedes Leben eines Tages endet – und dass wir nicht wissen, wann dieser Tag sein wird. Deshalb sollten wir den

Menschen, die wir lieben und für die wir sorgen, sagen, dass sie etwas Besonderes und Wichtiges für uns sind.

Was wir in das Leben anderer einbringen, kommt auch in das eigene Leben zurück!

Die Grundidee der Geschichte ließe sich auch in der eigenen Familie oder im Freundeskreis verwirklichen, um dann einen weiteren Verlauf zu nehmen.

Wie wär's?

Mit der Überschrift:
Ich finde besonders nett an Dir … die besonderen Eigenschaften der entsprechenden Person zu benennen?

Die nächste Seite ist dafür reserviert!

Das finde ich besonders nett an Dir:

…………………………………………………………

…………………………………………………………

…………………………………………………………

…………………………………………………………

…………………………………………………………

…………………………………………………………

…………………………………………………………

…………………………………………………………

…………………………………………………………

…………………………………………………………

…………………………………………………………

....

....

....

....

....

....

....

....

Kaleidoskope der Erfahrungen – das trifft auch auf die nächste Geschichte in Äthiopien zu, denn da wird es ganz „sagenhaft"!

Sagenhaft!

Während mein Mann in Addis Abeba auf einem Pflanzenschutzkongress tagte, machte ich mich mit dem Taxi auf den Weg, die Stadt zu erkunden.

Auf der Straße stellte ich fest, dass Mulis als Transportunternehmen – nämlich als Lasttiere – hier das Stadtbild prägen. Sie laufen „zweispurig" und so sicher im tosenden Verkehr, dass ich überrascht war: Eine Spur ist den beladenen Eseln vorbehalten, hier geht es langsamer voran, die andere den unbeladenen, zurückkehrenden Tieren! Letztere legen den Weg zurück zum Markt im schnellen Trab zurück, um keine Arbeitszeit zu vergeuden, das muss ihnen ja so beigebracht worden sein.

Ich staunte! Die Fohlen laufen bei den Müttern, so erledigt sich die Erziehung des Nachwuchses von selbst. Und was für süße Eselchen – ich hätte mir ein ganzes Rudel einfangen mögen. Tiere werden in Äthiopien wesentlich besser behandelt als in Kamerun, vielleicht haben die alten Mythen und Geschichten der Äthiopier damit zu tun.

Wenn man aus der Stadt herausfährt, sieht man viele einfache Pferdekutschen – ein Pferd vor einer schmalen Sitzgelegenheit auf Rädern – als Taxis oder Fortbewegungsmittel der Dorfbevölkerung.

Ich besuchte unter anderem auch ein Reisebüro und ließ mich für diesen und jenen Ausflug beraten. Besonders aber interessierte ich mich für „Lalibela“, das mir, seitdem ich im Reiseführer darüber gelesen hatte, nicht mehr aus dem Kopf ging.

Lalibela wird als das 8. Weltwunder erachtet. Ich merkte, alles zog mich dahin (650 km nördlich von Addis gelegen), und buchte nach Absprache mit meinem Mann einen Flug nach „Lalibela“!

Und nun wird es wirklich „sagenhaft“, denn einen Teil der Geschichte, so, wie sie sich zugetragen haben muss, habe ich mit eigenen Augen gesehen.[29]

Die Geschichte geht so:

Es war einmal in Äthiopien eine Mutter, die ihr kleines Kind fröhlich in seiner Wiege vor dem Haus liegend sah – umgeben von einem Schwarm BIENEN!

Da fiel ihr, im Schreck, ein alter äthiopischer Glaube ein, der besagt, dass die Tierwelt die Ankunft einer wichtigen Persönlichkeit voraussagen könne. Und so rief sie aus: „Die Bienen wissen, dass dieses Kind einmal König sein wird!“

Sie gab ihrem Sohn deshalb den Namen „Lalibela“, was bedeutet:

„Der von den Bienen erkorene Herrscher“.

Lalibelas älterer Bruder Harbay, der amtierender König war, wurde durch diese Nachricht so verärgert und in seiner Macht verunsichert, dass er dem jungen Prinzen einen Gifttrank verabreichen ließ, der ihn in einen todesähnlichen Schlaf versetzte.

Während dieser Bewusstlosigkeit wurde Lalibela von Engeln in den Himmel getragen, wo Gott ihm die mächtigen Himmelsgewölbe zeigte und ihm danach gebot, wieder in seine Stadt zurückzukehren und dort Kirchen zu errichten, wie die Welt sie noch nie erblickt hatte.

Als Lalibela wieder zu den Lebenden zurückgekehrt war, erwies ihm sein Bruder Harbay unter den Einfluss seines Herren, seine ganze Ehrerbietung. Er bat Lalibela um Verzeihung und dankte ihm zu Ehren ab.

Nachdem Lalibela zum König gekrönt war, versammelte er Künstler, Maler, Gold- und Silberschmiede, Steinmetze und Schreiner um sich und kaufte Werkzeuge, Materialien und Bauland, um so seinen Auftrag zu erfüllen.

Der Bau der Kirchen vollzog sich mit großer Geschwindigkeit, er vollzog sich so schnell, dass es nur so sein konnte, wie die Überlieferung es ausdrückt: dass nämlich die Engel nachts die Arbeit der Menschen vom Tage weiterführten.

Auch wird erzählt, dass nach der Fertigstellung der sechsten Kirche der heilige Georg auf seinem weißen Pferd dem König begegnet sei, die Schönheit der Kirchen pries und fragte, warum denn ihm zu Ehren noch keine so prächtige Kirche entstanden sei??

Da gelobte Lalibela dem Georg die schönste Kirche zu bauen, und zwar just an dem Platz an dem sie standen!

Und so geschah's! Die „Bet Giyorgis", die Georgskirche, ist in fast jeder Äthiopien-Lektüre abgebildet, weil sie so besonders beeindruckend ist.

In nur 24 Jahren entstanden 12 Kirchen, die unmittelbar aus den Felsen herausgearbeitet wurden. Etwa so, wie wir zu Weihnachten Plätzchen aus dem Kuchenteig ausstechen, nicht aus einem platt gewalzten Teig, sondern aus der dicken Teigmasse wird das Plätzchen – das hier die Kirche symbolisiert – ausgestochen, aber im Teig, der für die Felsen steht, belassen.

Der Baublock wurde aus den Felsen ausgeschnitten, um dann weiter bearbeitet zu werden. Das ging über 2 bis 3 Stockwerke, also 12 bis15 Meter hoch, mit Säulen, Kapitellen, Krypten, Grotten, Treppen, schönsten Steinmetz Arbeiten, sowie Wand- und Deckenmalereien versehen – einfach unvorstellbar schön!

Der Reiseführer sagt: die turmartigen Gebäude scheinen, was ihre Ausmaße und Ausführung betrifft, tatsächlich von einer übergeordneten Macht erschaffen worden zu sein. Einige liegen komplett verborgen in tiefen Gräben, andere stehen in Höhlen, die aus dem Felsen gehauen wurden. Sie alle sind untereinander mit einem komplizierten Labyrinth aus Tunneln, Gängen und Galerien verbunden. (Das hab' ich erfahren, und dabei die Erfindung der Taschenlampe gepriesen!)

Die Priester und Diakone gehen in dieser geheimnisvollen Welt ihrer ganz alltäglichen Arbeit nach und scheinen sich kaum dessen bewusst zu sein, dass sie an einem Ort leben, der das 8. Weltwunder genannt wird – obwohl und natürlich gerade weil der Tourismus in den letzten vier Jahren auch mit dem Bau des Flughafens sehr zugenommen hat.

Sogar „Rotel Tours" kurvt regelmäßig zu den heiligen Stätten in Äthiopien, wie mir mein Guide (Gebirgsführer) am nächsten Tag erzählte! Der Guide, der als gelernter Priester (!) und Koch den Riesenbus drei Jahre lang begleitet hat, und der mich, einzige Deutsche im Hotel, wie das Überbleibsel eines alten Sprachstammes mit seinen verbliebenen deutschen Vokabeln beschenkte.

Der Priesterberuf hatte mich sehr für besagten „Oboush" eingenommen – nicht weil ich beichten wollte bei ihm, sondern weil ich einen „seriösen" Bergführer für eine Trekkingtour per Muli in 4200 Metern Höhe suchte, wo auf dem Gipfel der Berge ein Kloster aus der Zeit der Kirchen, Ende 11./Anfang 12. Jahrhundert entstanden war. Die Berge schimmern blau/lila, bis sich die Erdtöne mit ihnen vermischen – das ganze bergige Panorama sowie die große Stille ist wundersam.

Diese Tour zu „fünft": der Guide, das Muli, der Herr des Mulis – ein kleiner, drahtiger, älterer Mann, ohne dessen kurze, leise Marschbefehle sich das Muli nicht von ihm wegbewegen würde – mein Mann in Gedanken, mit dem ich stumme Zwiesprache hielt, und ich, wird mir immer im Gedächtnis bleiben. Das Empfinden der Verbundenheit, das ich in dieser unendlichen Natur hatte – wie wir dort hinauf gekommen sind – denn die Hälfte der Strecke, da, wo die Wege zu steil und zu steinig wurden, bin ich natürlich auf meinen eigenen Füßen gekraxelt – den Blick auf Vulkangestein und Berge vor uns, und unendliche Weite unter uns – das Gefühl, „oben" angekommen zu sein und die ganze Welt umarmen zu wollen – und dann wieder hinunter zu steigen und im Vertrauen darauf nicht abzurutschen, geführt zu sein, immer dem Muli nachzusteigen, das genau wusste, wohin es seine Hufe setzen musste, und seinerseits sicher hinter seinem Herrn lief ...!

Das Ganze dauerte 6 Stunden, aber ich bin noch „gewandert", als ich bereits wieder im Flugzeug nach Addis Abbeba saß!

Sind nicht Leben und Tod ein riesiges Wunder?

Wobei wir über den Tod viel weniger wissen als über das Leben!

Elisabeth Kübler-Ross, eine international bekannte Expertin für Sterbeforschung und –begleitung, berichtet in ihrem Buch „Über den Tod und das Leben danach"[30], dass sie auf der ganzen Welt zwanzigtausend Fälle von Menschen studiert habe, die man klinisch bereits für tot erklärt hatte und die dann wieder zum Leben zurückgerufen wurden ...

Sie möchte daraus ganz summarisch erläutern, was jeder Mensch im Moment des Todes erleben wird.

Aus ihrer Sicht ist dieses Erlebnis allgemein, also unabhängig davon, ob jemand Ureinwohner Australiens, Hindu, Moslem, Christ oder Ungläubiger ist; es sei ebenso unabhängig vom jeweiligen Alter des Sterbenden oder von seinem ökonomischen Status.

Vielmehr handele es sich um ein ganz menschliches Geschehen, ebenso wie auch der normale Geburtsvorgang ein allgemein menschliches Geschehen ist.

Aus ihrer Sicht ist das Sterbeerlebnis fast identisch mit der Geburt, denn es ist eine Geburt in eine andere Existenz, die ganz einfach bewiesen werden kann. Zweitausend Jahre lang habe man, so Kübler-Ross, die Menschen ersucht, an die „jenseitigen Dinge zu glauben". Für sie ist es jedoch nicht mehr eine Sache des Glaubens, sondern eine Sache des Wissens.

Der körperliche Tod des Menschen ist für sie mit dem Geschehen identisch, wie es bei dem Heraustreten des Schmetterlings aus dem Kokon zu sehen ist…! Sobald der Kokon, den sie mit unserem Körper gleichsetzt, sei es durch Herzschlag, durch Herzstillstand, durch Mord oder Selbstmord, oder auch durch eine chronische Krankheit – also ganz egal, wie irreparabel – geschädigt ist, gibt er den Schmetterling, also die Seele des Menschen, frei.

„Dann“, so Kübler-Ross, „… werden Sie wichtige Dinge erleben, die Sie einfach wissen müssen, damit Sie nie wieder Angst vor dem Tod haben …!

Es wird berichtet, sobald Sie ein freier Schmetterling sind, d.h. sobald Ihre Seele aus dem Körper ausgetreten ist, werden Sie zuallererst merken, dass Sie alles wahrnehmen, was an dem Ort Ihres Todes, im Krankenzimmer, an der Unfallstelle oder wo Sie eben diesen Körper verlassen haben, passiert. Sie nehmen diese Vorgänge dann nicht mehr mit Ihrem irdischen Bewusstsein auf, sondern mit einer neuen Wahrnehmung.“

Beim Austreten aus dem Körper befindet man sich in einem Sein, in dem es keine Zeit mehr gibt – wo also die Zeit nicht existiert, ebenso, wie man dort auch nicht mehr von Raum und Distanz in unserem Sinne sprechen kann, da diese ja irdische Phänomene sind …!

Dann wird es einem bewusst, dass das Sterben nur ein Übergang in eine andere Form des Lebens ist. Bevor man jedoch seinen Körper ablegen und die Form annehmen kann, die man in der Ewigkeit besitzt, muss eine Übergangsphase durchschritten werden, die ganz und gar von irdisch-kulturellen Faktoren geprägt ist.

Dabei könne es sich um das Durchschreiten oder Durchqueren einer Brücke oder eines Tunnels handeln, an dessen Ende ein Licht entgegenstrahlt, ein Licht, das weißer ist als weiß, ganz hell.

Und je mehr man sich auf dieses Licht zu bewegt, so wird berichtet, desto stärker empfindet man die größte, unbeschreiblichste, bedingungsloseste Liebe, die man sich überhaupt vorstellen kann …!

Die Frucht dieses Lichts sei Güte und Gerechtigkeit und Wahrheit.

Glück oder Unglück?[31]

Einem Bauern lief eines Tages sein Pferd davon und kam nicht mehr zurück. Da hatten die Nachbarn Mitleid mit dem Bauern und sagten: „Du Ärmster! Dein Pferd ist weggelaufen, welch ein Unglück!"

Der Bauer antwortete: „Wer sagt denn, dass dies ein Unglück ist?"

Und tatsächlich kehrte nach einigen Tagen das Pferd zurück – und brachte ein Wildpferd mit.

Da sagten die Nachbarn: „Erst läuft dir das Pferd davon – und dann bringt es noch ein zweites mit! Was hast du bloß für ein Glück!"

Der Bauer schüttelte den Kopf und meinte: „Wer weiß, ob das Glück bedeutet?"

Das Wildpferd wurde von seinem ältesten Sohn eingeritten, dabei stürzte er und brach sich ein Bein.

Die Nachbarn eilten herbei und sagten: „Welch ein Unglück!"

Der Bauer gab zur Antwort: „Wer will wissen, ob das ein Unglück ist?"

Kurz darauf kamen die Soldaten des Königs ins Dorf und zogen alle jungen Männer für den Kriegsdienst ein. Den ältesten Sohn des Bauern ließen sie zurück – mit seinem gebrochenen Bein.

Da riefen die Nachbarn: „Was für ein Glück! Dein Sohn wurde nicht eingezogen!"

Der Bauer sagte: „Wer sagt denn, dass dies ein Glück ist?"

(Adalbert Ludwig Balling)

Diese Geschichte ließe sich endlos fortführen. Sie zeigt einfach, dass das, was vordergründig als Unglück erscheint, auch eine positive Seite haben kann; und umgekehrt, was nach Glück aussieht sich manchmal ins Gegenteil umkehren kann.

Dass das, was für den einen Glück bedeutet, für den anderen noch lange nicht dasselbe sein muss.

Dass die Zutaten zum jeweiligen Glück eines Menschen eine ganz besondere Mischung sind: auf der Basis der mitgebrachten Anlagen und unter Zusatz der Zutaten, die „den Kuchen" aufgehen lassen – die Talente und Begabungen –, Wünsche und Träume aufsteigen lassen!

Der Kuchen, „die Backmischung" enthält alle Grundzutaten, „er ist schon gut, so, wie er ist".

Sie machen Ihr spezielles Rezept daraus, indem Sie herausfinden, was in Ihrer Backmischung „Spezielles" enthalten ist und wie Sie Ihren besten Kuchen daraus gebacken kriegen!

Von der eigenen „Backmischung" zur Selbsterkenntnis!

„Den Mann deiner Träume bekommst du nicht 'fertig gebacken'", stellte eine Freundin von mir einmal fest, „es ist schon gut, wenn sich 'der' findet, mit dem es sich gut auskommen lässt!"

Das heißt, die Frau Deiner Träume kriegst Du auch nicht fertig „gebacken", wie Du es persönlich gerne hättest, nach Deinen ganz persönlichen Vorstellungen, Du musst sie nehmen, wie sie ist!

Wie Sie sind, weiß ich natürlich nicht!
Wissen Sie denn, wie Sie sind und wer Sie sind?

Seit wann kennen Sie sich?

Haben Sie Humor?

Können Sie über sich selbst lachen?

Wie ist Ihr Bild von Ihnen?

Können Sie beim Spielen verlieren?

Haben Sie einen „Plan vom Glück"?

Was tut Ihnen gut?

Was tut Ihnen nicht gut?

Was belastet Sie?

In dem 3. Brief der Essener vom Toten Meer geht es um Liebe, um alles, was mit Liebe zu tun hat, und das ist Alles![32]

3. Brief der Essener vom Toten Meer

Es gibt die verschiedensten Wünsche und Erwartungen.
Es gibt sogar solche, die ich weder mir noch anderen keinesfalls gerne eingestehen möchte.

Für alle meine Gedanken und Handlungen gibt es einen Grund – nämlich meine Erwartung eines für mich günstigen Ergebnisses.

Wenn ich tagträume, erwarte ich vielleicht, der Langeweile zu entgehen oder zu erleben, dass meine derzeitige Vorstellung Wirklichkeit wird.

Vielleicht erwarte ich auch tieferes Wissen, höheres Bewusstsein oder gesteigertes Denkvermögen.

Oder ich mache mir Sorgen, um mich selbst davon zu überzeugen, dass ich ein verantwortungsbewusster Mensch bin.

Manchmal bin ich getrieben vom Wunsch nach Geld und Besitz – dann sind meine Gedanken und Hoffnungen darauf gerichtet.

Manchmal mag ich getrieben sein von dem Bedürfnis nach Applaus und Zustimmung.
Ich möchte den anderen gefallen.

Oft bin ich durch den Drang motiviert, recht zu haben.
Ich mag es gar nicht, dass meine Ansichten und Handlungen als falsch eingestuft werden.

Manchmal ist der Wunsch nach Vergnügen die Triebfeder.
Das Leben soll mir etwas bieten und mich befriedigen.

Denn der stärkste Antrieb für meine Gedanken und meine Handlungen ist immer meine Sehnsucht nach Liebe.

Wenn ich mich dagegen geliebt weiß, habe ich wenig Verwendung für Geld. Manchmal gibt es mir zwar ein Gefühl der Sicherheit, aber nicht entfernt so nachhaltig, wie es die Liebe vermag.

Wenn ich mich geliebt weiß, brauche ich keinen Applaus und Zustimmung. Liebe an sich ist schon Beifall und Zustimmung.

Wenn ich mich geliebt weiß, brauche ich nicht recht zu haben.

In Gegenwart eines Menschen, der mir seine Liebe schenkt, brauche ich mich meiner Fehler nicht zu schämen. Ich brauche mich nicht zu beweisen. Ich schätze es sogar, wenn er mich liebevoll darauf aufmerksam macht.

Wen ich mich geliebt weiß, gibt es für mich kein größeres Vergnügen als dieses.
Andere Vergnügen sind fade oder lediglich ein Mittel, meiner Liebe Ausdruck zu verleihen und so Liebe zu erleben.

Nichts befriedigt tiefer als reine Liebe.

Wenn ich mich geliebt weiß,
so bin ich zufrieden, jedoch nicht selbstgefällig.

Ich werde weiterhin zu Gedanken und Handlungen angetrieben.
Ich habe Ziele, Ideale und sogar Ehrgeiz.

Aber meine Ziele und mein Ehrgeiz sind nicht mehr Ausdruck meiner Unsicherheit.
Ich brauche niemandem mehr etwas zu beweisen. Ich komme ohne Rechtfertigung aus.

Ich gebe die Kontrolle anderer auf.

Wenn ich mich geliebt weiß, sehe ich mich zu liebendem Handeln veranlasst.

Ziele und Ehrgeiz sind Ausdruck meines Bedürfnisses, Freude zu geben und zu teilen.

Liebe ist eine Überlebensfrage:
Ich brauche Liebe oder einen Liebesersatz – buchstäblich, um überleben zu können.

Liebesersatz befriedigt aber nicht wirklich.
Bestenfalls bietet er nur zeitweilige Betäubung und ruft wie ein Rauschgift nach Steigerung.
Ist Macht mein Liebesersatz, so brauche ich heute mehr davon als gestern.

Viel zu viele Menschen sind aus ihrem eigenen Mangel an Liebe zu anderen und zu sich selbst gestorben.

Für Liebe gibt es mannigfachen Ersatz:
Macht, Geld, materiellen Besitz, Popularität und Ruhm – sogar

Abscheu und Hass sind Liebesersatz. Jede Form markanter Beachtung kann als Liebesersatz dienen.

Alle Menschen wollen das Gefühl haben:
„Es macht etwas aus, dass ich lebe."

Deshalb halten wir alle Ausschau nach Bestätigungen und Zeichen, aus denen wir schließen können, dass

„es etwas ausmacht, dass ich existiere".

Jede zugefügte Unbill, jeder Streit und jeder Krieg ist Ausfluss des Hungers nach Anerkennung der Tatsache,

„dass ich etwas ausmache".

Jedes jemals begangene Verbrechen ist Folge dieser Lebensnotwendigkeit.
Der Verbrecher sagt sich im innersten Herzen: „Ich mache etwas aus und wenn mir diese Gewissheit nicht gütlich zuteil wird, so werde ich

euch zeigen, **„dass ihr mit mir zu rechnen habt."**

Selbst Völker hegen diesen gemeinsamen Gedanken:

„Mit uns hat man zu rechnen".

Und wenn eure Worte und Handlungen dies nicht zum Ausdruck bringen, so töten wir eure jungen Männer, wie wenn es auf sie nicht ankäme. Das wird euch dann veranlassen zu erkennen,

„dass man mit uns zu rechnen hat."

Dieses Bedürfnis nach Anerkennung der Tatsache,

„dass ich wichtig bin",

ist nichts anderes als der verzweifelte Wunsch, geliebt zu werden.

Wenn ich geliebt werde,

so weiß ich, dass ich **von Bedeutung** bin,

dass meine Existenz für jeden Menschen, der mich liebt, wichtig ist.

Ich brauche keinen anderen Beweis.

Ich werde geliebt.

Alles bedarf **meiner Liebe und Zuneigung**, um gesund zu bleiben und zu überleben.

Ich bin dafür verantwortlich.

Diese Botschaft „Ich bin dafür verantwortlich" trug auch „Der kleine Prinz" von A. de Saint-Exupery in Form einer roten Blume zu Kindern und Erwachsenen.

Vielleicht empfange ich Liebe als Zuneigung von anderen, vielleicht auch nicht.

Die anderen werden mein Wesen nicht immer billigen oder mir zustimmen.

Oft werden sie mir sogar zu verstehen geben, dass sie mich für bedeutungslos halten.

Jedoch dieses eine weiß ich von jetzt an für immer:

Ich werde geliebt

Ob und dass ich mich geliebt weiß, liegt in **meiner Entscheidung und ist meine eigene Verantwortung.**

Ich akzeptiere die Verantwortung,
all das zu lieben,
was ICH BIN und wie ICH BIN.

Ich bin einfach der, der ich bin!
Ich bin einfach die, die ich bin!

Und darum

bin ich glücklich!

Auf meinem Weg, der mich dahin geführt hat, wo dieser Leitfaden zum Glück entstehen konnte, haben mich viele Menschen begleitet. Sie haben – bewusst oder unbewusst – meine Erkenntnis gespeist, waren meine Lehrer. Die schriftlichen Quellen, die zitiert wurden, möchte ich nachfolgend angeben:

---

[1] * Siehe Wahrig – Deutsches Wörterbuch, Bertelsmann Lexikon Verlag, Jubiläumsausgabe 1975, div. Stichwörter.

[2] * Siehe Heinrich Elijah Benedikt: Die Kabbala, Verlag Hermann Bauer, Freiburg 1995, Seite 86.

[3] * Siehe A.S.I.A.C.T. The Art and Science International Academy of Colour Technologies, 2006, by Mike Booth.

[4] * Die Aussagen finden sich sinngemäß in diversen Künstlerbiografien und auch im Boesner Künstlerkalender 2006, herausgegeben vom ars monumentum Kunstverlag, 58456 Witten.

[5] * Siehe Rosemarie Schneider: Creative Imagination, Roy Eugene Davies, Verlag CSA Deutschland, Seiten 34, 36.

[6] * Diese Erkenntnisse wurden von Ingrid-Charlotte Cox entsprechend ihrer „Methode Nathanael" herausgearbeitet.

[7] * Die Bezeichnungen finden sich bei Ingrid Riedel in: Engel der Wandlung. Die Engelbilder Paul Klees, Herder Spektrum, Freiburg 2002.

[8] * Siehe Sergio Bambaren: Der träumende Delfin, Piper Verlag, München, 1999, Seiten 21, 23, 24, 26, 41, 65.

[9] * Siehe Andere Zeiten e.V., Hamburg, Initiativen zum Kirchenjahr, Kalender 1999.

[10] * Den Text erhielt ich freundlicherweise von einer Schülerin der Maria-Ward-Schule, Frankfurt.

[11] * Auszug aus der Antrittsrede Nelson Mandelas als Präsident von Südafrika, zitiert nach: Marianne Williamson: A Return to Love, Harper Collins, New York 1992, Seite 190/191

[12] * Siehe Monika Piper-Albach: Der Mensch im Spiegel des Lichts, im Spiegel der Musik, Verlag Astro Musik, München, Seite 58

[13] * Siehe Monika Piper-Albach a.a.O.

[14] * Siehe Kurt Tepperwein: Die geistigen Gesetze, Arkana/Goldmann, München, 2002, Seiten 18, 44, 240

[15] * Siehe Der andere Advent, Initiativen zum Kirchenjahr, Andere Zeiten e.V. Kalender 1999, 2004 und 2006.

16 * Das Gedicht „Ein Lächeln" des unbekannten Verfassers begegnete mir in einer Seminarunterlage von „Avalon", Wiesbaden, aus dem Jahr 2000.

17 * Siehe Khalil Gibran: Der Prophet, Deutscher Taschenbuch Verlag, München 2002, Seite 22.

18 * Siehe Margaret Fishback Powers: Spuren im Sand, Brunnen Verlag, Gießen 1996

19 * Siehe Andere Zeiten e.V. Initiativen zum Kirchenjahr, Hamburg, Kalender 2004.

20 * Auf das Gedicht „Der Verdrießliche" von Ludwig Bechstein stieß ich in einer Seminarunterlage von „Avalon", Wiesbaden, aus dem Jahr 2000.

21 * Siehe Andere Zeiten e.V. Initiativen zum Kirchenjahr, Hamburg, Kalender 1999.

22 * Auch „Der Wunschbaum" begegnete mir in einer Seminarunterlage von „Avalon", Wiesbaden, 2000.

23 * Siehe A.S.I.A.C.T. The Art and Science International Academy of Colour Technologies, 2006, by Mike Booth.

24 * Siehe Andere Zeiten e.V. Initiativen zum Kirchenjahr, Hamburg, Kalender 2004

25 * Siehe Andere Zeiten e.V. Initiativen zum Kirchenjahr, Hamburg, Kalender 2004

26 * Siehe Hermann Hesse: Gedichte, Diogenes Verlag, Zürich 1996, Seite 15.

27 * Siehe Alberto Venzago: Vodoo, Prestel Verlag, München 2003, Seite 217.

28 * Aus einem Internet-Rundbrief vom Oktober 2006.

29 * Siehe Äthiopien, Nelles Jumbo Guides, Nelles Verlag, München 1999.

30 * Erschienen mittlerweile im 10. Auflage im Verlag Die Silberschnur, Güllesheim

31 * Siehe Andere Zeiten e.V. Initiativen zum Kirchenjahr, Hamburg, Kalender 2006.

32 * Gekürzte Übersetzung des 3. Briefes der Essener vom Toten Meer, Original in: The Paul Solomon Foundation, Ashburn/Virginia/USA, 1983.

Die Romane von M.H. Allafi

„Der Arzt Kaiwan steht im Mittelpunkt einer Reihe von Frauenschicksalen: eine Geliebte, eine Vertraute, die Mutter, die Ehefrau ... eine anerkennenswerte Botschaft." **(ekz-Informationsdienst)**

Leyla – Auf der Suche nach Freiheit. Roman

357 S. 18,00 €. ISBN 978-3-930761-40-8/3-930761-40-8

Die selbstbewusste Iranerin Leyla will nichts mehr mit der legendären orientalischen Leyla und ihrer unerfüllten Liebe zu tun haben. Sie will sie selbst sein, nicht mehr und nicht weniger. Die Freiheit, die ihr dazu fehlt, nimmt sich die junge Frau einfach.

Die Nächte am Main. Roman

240 S. 15,25 €. ISBN 978-3-930761-10-4/3-930761-10-6

„Der iranische Schriftsteller lässt seine Erzählfigur durch Frankfurt irren wie durch ein unbekanntes Labyrinth. Das ist mal komisch, mal rührend und oft auf eine herbe Weise poetisch." **(FAZ)**

„Nach langen Ehejahren ist Hans aus der Beziehung zu Gabriela ausgebrochen. Er sucht nach einem neuen Lebensinhalt und glaubt, diesen bei der Mystikerin Victoria gefunden zu haben. Victoria jedoch will vor allem ihre Unabhängigkeit. Mit seiner neuen Partnerin Mariam reist Hans in deren Heimatland Iran, doch die Reise wird zur Enttäuschung." **(ekz-Informationsdienst)**

Die letzte Nacht mit Gabriela. Roman

302 S. 21,50 €. ISBN 978-3-930761-19-7/3-930761-19-X

„Der Autor schreibt über Beziehungen und über die Suche nach Sinn in unterschiedlichen Kulturen." **(ekz-Informationsdienst)**

„... sieht der Autor die Menschen eingeklemmt zwischen einer öffentlich propagierten Moral, ihrer Armut und ihrem Konsumanspruch ..." **(Frankfurter Rundschau)**

Verloren. Erzählung

131 S. 13,70 €. ISBN 978-3-930761-02-9/3-930761-02-5

„Was in den Augenblickssensationen von Krieg, Terror und Morddrohungen untergeht ... – diese von den Medien freigelassene Leerstelle füllt Allafi aus." **(Frankfurter Rundschau)**

„Was den Einzelnen für sein Leben zeichnet – Allafi erzählt es vollkommen unspektakulär, nahezu tonlos, jedoch bei weitem nicht unbeteiligt und schon gar nicht kalt. Es ist die Distanz eines Kenners ... überhaupt weiß der Autor mit atmosphärischen Eindrücken umzugehen." **(Deutsche Welle)**